给孩子"顶撞"的勇气

悦兰 ◎ 著

清华大学出版社

北 京

图书在版编目（CIP）数据

给孩子"顶撞"的勇气 / 悦兰著 . -- 北京 : 清华大学出版社，2025. 1 (2025.1重印).
ISBN 978-7-302-67464-1

Ⅰ . G78

中国国家版本馆 CIP 数据核字第 2024YW5034 号

责任编辑：左玉冰
装帧设计：方加青
责任校对：宋玉莲
责任印制：杨　艳

出版发行：清华大学出版社
　　　　　网　　　址：https://www.tup.com.cn，https://www.wqxuetang.com
　　　　　地　　　址：北京清华大学学研大厦 A 座　　　　　邮　　　编：100084
　　　　　社 总 机：010-83470000　　　　　邮　　　购：010-62786544
　　　　　投稿与读者服务：010-62776969，c-service@tup.tsinghua.edu.cn
　　　　　质 量 反 馈：010-62772015，zhiliang@tup.tsinghua.edu.cn
印 装 者：大厂回族自治县彩虹印刷有限公司
经　　销：全国新华书店
开　　本：170mm×230mm　　　　　印　　张：12.75　　　字　　数：244 千字
版　　次：2025 年 1 月第 1 版　　　印　　次：2025 年 1 月第 2 次印刷
定　　价：59.80 元

产品编号：108617-01

孩子的自信来自父母的笃信

我和悦兰是二十年的邻居，我俩的共同爱好是晨练。我俩都不出差的日子，早晨常常会在小区碰面，一边健走一边聊天。多年下来，我们成了无话不谈的好朋友。

悦兰是一位成功的企业家，也是一位成功的妈妈，她用独特的教育方法培养出了一个令人羡慕的儿子。如今，她在百忙之中将她的育儿心得付梓出版，家长们又多了一本视角独特的育儿好书可看，这真的是一件值得庆贺的事情。

悦兰性格豪爽，做事雷厉风行，浑身散发着自信的光芒。头天你刚听她说要把院子收拾一下，第二天工人就进场了，很快她的小花园就整起来了。你刚知道她要建一个新媒体工作室，没两天的工夫就已经启用了。我常常在心里嘀咕：难怪人家可以成为企业家，瞧瞧人家那超强的执行力！

其实，作为母亲的她，在这一点上已经为儿子做了很好的榜样。

悦兰的工作很忙，但她对儿子的陪伴毫不含糊。她奉行的教育理念是：无条件地相信和赏识孩子，成就孩子的自信和勇气。

我认识悦兰的时候，她的儿子上初中。从她的言谈中，不但感受不到其他家长的焦虑，反而总能听到她对儿子的赞赏。那种对孩子由衷地相信和欣赏，是非常感染人的。

悦兰家的亲子关系很和谐。她家住在一楼，有一个小院子。从她家门前经过时，经常可以看到他们一家人坐在院子里有说有笑，或者一起侍弄他们家的园子。他们一家三口也经常在小区里并肩散步。中学时期，儿子的个子已经远远高过妈妈，有时候他就索性搂着妈妈的肩膀，这种情形在青春期孩子中非常少见，也是非常难得的。

在儿子成长的过程中，悦兰没有死死盯着儿子的考试成绩，反而特别注重儿子人生格局的建立。

据她所讲，她和先生跟儿子聊天的内容不拘一格，小到生活琐事，大到国家大事，最特别的是，他们常常会把商业思维和经验分享给儿子，所以她的儿子从小就学会了用商业思维来看待事物，目标远大，不在琐碎小事上患得患失。

正是因为悦兰独特的教育风格，她的儿子阳光自信，不畏困难与挑战，坚定地走上创业之路，在异国他乡闯出了一片新天地。

在如今这个"内卷"的时代，许多家长都很焦虑，孩子的日子也是"苦不堪言"。而在悦兰家，则是"教育不用力，成才不辛苦"。

他们是如何做到的呢？

细细品读悦兰的这本《给孩子"顶撞"的勇气》，能够看到悦兰家更多爱的故事，更多关于家庭教育的体悟，这些故事和体悟就像一股股清流，读后使人轻松释然。

我把这本书推荐给有需要的家长，希望大家都可以像悦兰一样从容淡定地养育和成就自己的孩子。

著名家庭教育专家、畅销书《陪孩子走过小学六年》作者
刘称莲
2024年6月

亲爱的读者朋友：

当你翻开这本《给孩子"顶撞"的勇气》时，或许会对这个书名产生好奇。

它的由来，源于一段平凡却深刻的回忆——我儿子小有在初中一年级时，勇敢地顶撞语文老师的经历。

孩子成长的每一个阶段，都有其独特的挑战与成长契机，一些关键事件、一些触动孩子心灵的时刻，他们都会铭记于心。在这些事件和时刻中，孩子会从父母的态度、处理问题的方式，甚至是眼神中，读懂父母是否真的爱他、理解他、保护他。这些因素，对孩子的个性塑造和成长，具有深远的影响。

我深知，每个家庭对孩子成长的期待和教育目标都不尽相同。但在我看来，教育的真正意义并非塑造"听话懂事"的孩童，而应着力培养"眼中有光，手中有剑"的少年。这样的孩子，内心怀揣着远大的志向，有着清晰的人生规划和目标。他们不盲目追随，敢于质疑权威，善于独立思考，并勇于承担选择带来的责任。他们勇于活出自我的风采，勇敢地走出与众不同的人生道路。

在本书的标题中，有两个关键词："顶撞"和"勇气"。我所说的"顶撞"，并非提倡孩子无礼地顶撞他人，而是鼓励他们在尊重权威的同时，敢于挑战既定规则，勇敢表达自己的见解和看法。而"勇气"，则是一个更为宽泛且深刻的品质，它涵盖了挑战权威、直面未知、追求自由以及坚守本心等多重内涵。

正如霍金斯能量层级理论所揭示的那样，只有当一个人拥有了足够的勇气，他才能跨越内心的恐惧与疑虑的障碍，释放内在的正能量，活出真实的自我。

孩子的顶撞，只是他们成长过程中的一种自然反应，是他们内心声音的一种体现。作为父母，我们不仅要理解和接纳他们的这种反应，而且要引导他们学会如何正确地表达自我，如何独立思考并解决问题。只有这样，他们才能在未来的人生道路上，更加自信、坚定地前行。

从另一个角度来看，孩子顶撞并不是坏事。孩子的胆小、敏感、内向、慢性子、强迫行为、爱折腾，都不是问题，而是他们独特的个性和优势。关键在于，我们如何看待这些特质，如何引导他们将其转化为成长的动力。

我坚信，那些敢于挑战、不墨守成规的孩子，长大后更有可能成为杰出的领导者，甚至是有能力改变世界的人。因为他们不会盲目服从，而是选择特立独行，拥有自己独特的观点和见解；他们勇于表达自我，不会受那些"应该""不应该"的羁绊。这样的孩子，具备责任感和担当精神，即使面对惊涛骇浪，也能够勇往直前。

孩子的顶撞，只是他们成长过程中的一种表现，父母需要应对的挑战，远不止于此。在育儿的道路上，我们并没有一本万能的教科书可以依赖，无法在遇到问题时，轻松查阅到答案。但我认为，一个家庭是否拥有清晰、正确的教育理念，以及如何将这个理念融入孩子的日常行为引导中，对于孩子的一生，是至关重要的。

我坚定地将"赏识教育"作为我们家庭教育的核心理念。我们不仅要关注孩子的优点和成绩，更应从他们的每一次尝试和失败中，寻找成长的契机。

赏识教育，意味着用爱和理解去包容孩子的不完美，用鼓励和赞美去激发他们的潜能。我们努力构建"自由平等"的家庭氛围，让孩子在这个充满爱和包容的环境中茁壮成长。作为父母，我们始终与孩子并肩前行，成为他们成长路上的坚强后盾。

在这样的教育环境中，孩子能自信地绽放出最耀眼的光芒。我们坚信，好孩子是夸出来的。因此，我们要从正向和积极的角度看待孩子的每一个表现，无论是优点还是不足，都努力从中寻找积极的意义。

这样做的核心在于，我们作为父母，对孩子有着无条件的爱，对他们全然地接纳与信任。具体的实现路径是，从父母与孩子一体化出发，逐渐走向个体化分离。

在孩子还小的时候，我们会给予他们充分的关爱和保护，让他们在安全的环境中健康成长。随着孩子逐渐长大，我们会逐步放手，让他们学会独自面对生活中的困难和挑战。孩子一旦拥有了足够的勇气，便能勇敢地面对真实的自己，收获与众不同的人生。

在撰写这本书的过程中，我深感责任重大。书中的每一个观点，都源于我内心的反思与总结；每一个故事，都是我的家庭生活中真实发生的事情；那些温馨的瞬间、那些挑战的时刻，都是我们共同成长的宝贵财富。

我希望，通过分享我的家庭教育经历和感悟，能够触动你内心的柔软之处，让你在阅读的过程中产生共鸣。

这本书，我构想了很久，直到我儿子小有步入三十岁之际，才决定落笔，写下这本书。之所以等待这么久，是因为我深知自己的教育理念需要时间和实践的验证。

在理论上，我的教育理念与人本主义心理学不谋而合；在实践中，小有的出色表现，给了我写这本书的底气和信心。

作为一名企业领导者，我为这本书注入了独特的商业视角。我深知，商业思维和创新精神，在孩子成长过程中所扮演的重要角色。因此，在这本书中，我不仅分享了家庭教育的细节，还融入了我多年来在商业领域的丰富经验和深刻洞察。我特别强调孩子商业思维的培养，因为我相信，这将对他们未来的职业道路和人生轨迹，都具有不可估量的价值。无论孩子未来选择何种职业，拥有商业思维都能够帮助他们更好地适应社会，把握机遇，实现自我价值。

这本书将带你走进我的家庭教育世界，让你在字里行间感受到我与孩子共同成长的温馨画面，以及我们相互启迪的珍贵时刻。作为一位母亲，我渴望用文字传递我们家庭教育的真切感悟和心得。我会毫无保留地展现如何引导孩子独立思考、勇敢地面对挑战的心路历程。

在这里，你不会遇到晦涩难懂的概念或复杂的理论，因为我希望这本书能成为你轻松愉快的阅读伴侣。

请放松心情，跟随我的笔触一同探索家庭教育的奥秘，感受其中的智慧与力量。让我们携手为孩子的未来加油助力，共同见证他们成长的每一步。

请记住，持续成长、不断进步、追求卓越，这是我们人生最重要的使命。作为父母，我们以身作则，成为孩子成长的榜样，他们自然会跟随我们的步伐，勇往直前，追求更好的自己。

如果你在阅读本书后有任何想法、建议，想要分享你的阅读感受，或者希望针对某个话题与我深入交流，我都无比期待这样的机会。你可以通过电子邮箱与我联系：13910750709@139.com。

悦兰

2024 年 6 月于北京

第一章　孩子好不好，关键在父母怎么看

003　用"情绪 ABC 模型"，打破对孩子行为的固有认知

004　允许孩子顶撞，是父母的智慧

016　胆小的孩子，能成大事

023　敏感的孩子，对人和事会有深入的洞察

030　内向的孩子，心向所愿不畏纷扰

036　慢性子的孩子，做事更从容淡定

043　"强迫行为"的孩子，对美有极致追求

049　爱折腾的孩子，藏着一颗求索的心

第二章　爱，赋予孩子"顶撞"的勇气

061　怎样的爱，才是真爱

068　接纳不完美，"顶撞"也可以变成优势

078　坚定地信任，让孩子保持自由的野心

087　赏识教育，给孩子的勇气加把力

090 保持耐心，让孩子勇敢面对挑战

099 高质量陪伴，塑造自信且敢于挑战的孩子

105 多爱孩子，让他拥有一颗富足的心

112 适度放手，给孩子自由成长的空间

第三章　能力是孩子敢于"顶撞"的底气

121 谈及商业思维，你会想到哪些

123 商业思维，未来世界的核心竞争力

130 独立思考，像富人一样解决问题

142 普通家庭如何培养孩子的商业思维

147 自主选择，给孩子坚守信念的勇气

156 独特的审美力，给孩子大胆创新的勇气

第四章　有勇气的孩子，拥有不一样的人生

165 有勇气的孩子，坚信自己是最好的

167 让孩子站在父母的肩膀上看世界

169 给未来的你种下一颗创业的种子

174 成为儿子的伯乐：支持他走上创业之路

175 富养，养出富人思维；穷养，养出穷人思维

179 不哭穷，不炫富，树立正确的消费观念

184 内心有勇气，无惧人生的"不确定"

后记

第一章

孩子好不好，关键在父母怎么看

在孩子漫长的成长旅途中，我们时常怀揣着将他们塑造为"完美"人设的愿景。然而，我们必须先认识到一个基本的道理——人无完人。这不仅适用于我们成年人，更适用于那些正在探索世界、学习成长的孩子。他们如同初升的太阳，既有耀眼的光芒，也有被云彩暂时遮挡的暗淡。他们有独特之处，有短板也有长处，这些共同构成了他们丰富多彩的成长画卷。

在本章中，我将为大家引入一个有力的工具——情绪 ABC 模型。这个模型如同一把钥匙，能帮助我们打开理解孩子行为的大门，引导我们转变对孩子行为的认知。

接下来，我们将逐一探讨那些在孩子成长过程中常常令父母感到困扰的七个问题：顶撞、胆小、敏感、内向、慢性子、强迫行为、爱折腾。通过具体的案例和深入的分析，你将看到，当我们的认知发生变化时，这些曾经棘手的问题，如何转变为孩子身上独特的闪光点。

同时，我也衷心希望通过本章的分享，能够帮助家长重新审视自己对孩子的期望和要求。让我们以更加开放和包容的心态去接纳和欣赏孩子的成长过程，让他们能够在自由与快乐的环境中茁壮成长。

用"情绪 ABC 模型"，打破对孩子行为的固有认知

"人无完人"这个词，几乎每个人都会说。然而，很多父母在养育孩子时，却寄希望于孩子是完美的：羡慕别人家的孩子，不满意自己的孩子，满眼看到的都是孩子身上的缺点和不足。

比如，孩子见长辈不爱打招呼、写作业拖拉、爱顶嘴、爱说谎、学习不刻苦、考试成绩不稳定、贪玩、太胆小、内向、爱发脾气、沉迷手机、丢三落四、做事没常性等，这些都是常被父母视为需要立即纠正的缺点。然而，这样不断地纠正、指责和否定，往往只会让孩子陷入更深的挫败感之中，与父母的关系也逐渐疏远。

身为父母，自然希望孩子能够更好、更优秀。但过度的挑剔和焦虑，往往让我们忽视了孩子身上的闪光点。

知名作家周国平先生说过这样一句话："对亲近的人挑剔是本能，克服本能，做到对亲近的人不挑剔，则是教养。"我们需要反思：孩子的这些"缺点"，真的需要父母去纠正吗？

其实，很多时候，孩子的这些行为是符合他们的成长规律的。父母应该学会放下焦虑，用另一种眼光去看待这些"缺点"，它们或许正是孩子独特的优势所在。

在这里，我们可以借助美国心理学家埃利斯创建的"情绪 ABC 模型"（图 1-1），来帮助我们更好地理解和应对孩子的行为。

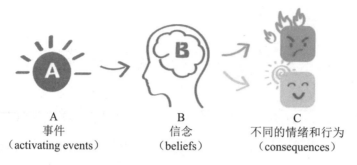

A
事件
（activating events）

B
信念
（beliefs）

C
不同的情绪和行为
（consequences）

图 1-1　情绪 ABC 模型

在情绪 ABC 模型中：

"A"（activating events）代表触发事件，即引起我们情绪反应的具体事件或情境。这是情绪产生的起点，但并非决定因素。

"B"（beliefs）代表个人信念，即我们对触发事件的看法、解释和评价。这是情绪产生的关键，因为相同的触发事件，由于个人信念的不同，可能导致截然不同的情绪反应。

"C"（consequences）代表情绪和行为，即我们因触发事件和个人信念而产生的具体情绪反应。这些情绪反应可能是积极的，如喜悦、自豪；也可能是消极的，如愤怒、焦虑。

也就是说，同一件事，人们的看法不同，情绪体验也不同。

如果我们将情绪 ABC 模型运用到家庭教育中，那就是：我们眼中的孩子，到底好不好，不取决于孩子自身，关键在父母怎么看。要对孩子的行为进行合理的解读，然后再以正确的态度去对待这些事情。父母对孩子的态度，决定了孩子的人生高度。

允许孩子顶撞，是父母的智慧

孩子的成长之路，每一个阶段都充满了对社会的新奇探索。他们在与人交往中碰撞思想，塑造个性，逐渐形成自己独有的视角和观点。

作为父母，我们最应当做的，是给予孩子足够的空间，让他们能够自由发声，表达内心的想法和感受。

但遗憾的是，很多时候，当孩子勇敢地说出与我们不同的观点时，我们却常常将其视为"顶撞"。

我认为，这种所谓的"顶撞"，其实是孩子成长过程中的必然反应，是他们自我意识和尊严觉醒的体现。孩子出现了"顶撞"的行为，恰恰说明孩子开始有了自己的思考和判断，说明他们渴望被尊重、被理解。

这样的"顶撞"不可避免，家长处理这种事情的态度，将深深印刻在孩子的心中，对他们的成长产生深远的影响。

随着孩子逐渐长大，童年和少年时期的很多事情，他们都会忘记。但那些关键事件，父母的态度、处理方式、言语和眼神，可能是他们永远都不会忘记的。

从经历的这些事件中，孩子能够读懂父母是不是真的爱他们、理解他们、保护他们。这些经历，将间接地塑造孩子的个性和性格，影响他们未来的成长方向。

顶撞权威，是孩子自我意识和尊严的觉醒

在孩子幼小、纯真的心灵中，身边的每个人——家中的父母、学校的老师，以及未来工作中的领导和客户，似乎都是不可挑战的"权威"。随着孩子的逐渐成长，他们所面对的"权威"也会越来越多。

当孩子过于顺从，不敢质疑或"顶撞"这些权威时，他们可能会越来越不愿意自己思考，甚至在无意识中丧失独立思考的能力，逐渐沦为"权威的附庸"。

而我认为，孩子敢于表达不同意见，甚至"顶撞"权威，其实是他们自我意识和尊严觉醒的重要标志。

接下来，我将分享两个关于我儿子小有的真实故事，通过这两个故事，

阐述我对孩子"顶撞"行为的看法，以及当时我是如何应对的。

故事一：小有顶撞语文老师

小有刚上初一时的一个午后，我接到小有班主任老师的电话，她用急切的语气告诉我："小有今天在课堂上和语文老师吵起来了，还跑出了教室，语文老师非常生气，请您明天到学校来面谈。"

我听后，心里不免咯噔一下。"怎么回事？发生了这么大的冲突？"凭我对小有的了解，他和老师们的关系都不错，是个懂礼貌的孩子，发生这种事情，一定有原因。我努力让自己保持冷静。

小有放学回到家，我还是和往常一样，很平静地对小有说："班主任老师给我打电话了，让妈妈明天去学校。去学校前，妈妈想听你讲讲事情的经过，妈妈会和你一起面对这件事情。"

原来事情是这样的：语文老师给学生留了作业，让学生把课堂听写错误的字词抄写100遍。小有非常抗拒这种单一、机械的方式。他认为，记住这些字词可以有各种各样的方法，可以朗读、可以默读，为什么一定要抄写？而且是在这么短的时间里抄写100遍？所以，小有就没有写这项作业。

在课堂上，当老师发现许多学生没有完成这项作业时，她要求未完成的学生站起来，并对他们进行了点名批评。此时，小有向老师说道："您可以要求我们会背、会写，但是不能要求我们抄写100遍！"

老师可能被小有这样的"顶撞"行为激怒了，严厉地说："我是老师，你是学生，完成作业是你的义务。"

小有更不能接受这种用身份压制学生的做法。他大声说："不是您是老师我就得全部听您的，我也可以拒绝。我认为我没错，我不抄写100遍，也完全可以做到会背、会写。"

受到挑战的语文老师非常气愤，大声地对小有说："请你从我的课堂上出去！"小有就离开教室，站到了走廊上。

他在走廊站着的时候，被巡课的年级主任看到了，年级主任知道情况后找来了班主任。小有不但没有"悔过"，反而向年级主任和班主任表达了自己的观点——老师不能体罚学生。

小有对这件事的描述很客观，与老师的说法基本一致。小有非常诚恳地对我说："妈妈，我知道老师会找您谈话，也许我不应该公然顶撞老师，但我还是觉得，我没做错。"

小有一边说，一边委屈地哭了，眼神却是坚定的。

我知道，作为家长，这个时候我的每一个反应、每一句话，都很重要。我当然理解我的孩子，希望他知道，无论发生什么，我都会站在他这一边。同时，我也知道，有些时候，当面冲突并不是解决问题的最好办法。

我调整了一下情绪，对小有说："儿子，妈妈完全清楚这件事情了。妈妈是做领导的，偶尔也会遇到下属对我的挑战，妈妈很喜欢这样的年轻人，因为他们有想法、有勇气。但每个人都'要面子'，无论下属的挑战是对还是错，如果他当众挑战我，也会让我很难堪。本来不是很大的事情，如果双方都控制不好情绪，可能就会让问题'升级'，不但问题没解决，还会伤害彼此的感情。如果有想法的年轻人不是在众人面前反驳我，而是私下里找我当面沟通，我就会很愿意听取他的意见。同时，我也会针对他的意见给出我自己的看法，这样，两个人都获益，也很愉快。"

小有眼含泪水地看着我，似乎明白了什么。我摸了摸他的头，接着对他说："放心吧，儿子，妈妈会和你一起的，我们能处理好这件事情。"

发生这种事，按当时的教育理念，姑且可以称之为一场"事故"。小有不完成作业、公然无视课堂纪律、顶撞老师。怎么看，他都算是个"问题学生"。

但在我眼里，小有的"顶撞"是有一定道理的。他已经有了独立的判断能力，在权威面前敢于大胆质疑，而且敢为"顶撞"承担后果，做出他认为对的事情。

更难能可贵的是，这也反映出，我的孩子在中学时期，就开始有了自己选择的态度，并且他还会事后复盘。此外，他知道任何事情发生时，控制好情绪很重要。

第二天，我直接去学校找小有的语文老师和班主任老师进行了面谈。作为妈妈，我向老师表达了自己的态度，我不会过分责备自己的孩子，也请老师给予孩子应有的理解和尊重。当然，我肯定了老师对孩子教育的良好初衷，并承诺我将和老师一起，帮助小有在学习上取得进步。

我清楚，自己有能力妥善处理这件事情，确保小有不会在老师心中留下负面印象。

从老师的办公室出来，我直接走进小有班的教室。在全班同学的注视下，我走到小有的座位旁，蹲下身子轻轻搂住他，像说悄悄话一样告诉他："妈妈和老师谈完了，老师能够理解你，但妈妈还是希望你能主动找老师谈谈，表达你的观点，老师一定会愿意再听听你的理由。"

当天晚上，小有回到家，兴奋地告诉我，他鼓起勇气去找了老师，老师告诉他在学校尊重老师是基本的礼貌，也理解了小有认为不合理的地方。之后小有对我说："妈妈，您今天真是太酷了，同学都以为您和老师谈完之后，会来大骂我一顿，但您过来和我在一起的样子，让他们特别羡慕我有一个这样的好妈妈。"

多年以后，小有依然会和我谈论起这件事。他感慨道："当时，我非常震惊，妈妈没有把我'拖'到办公室去给老师道歉，或者把我训斥一顿，反而很理性地接受了这件事。那一刻，我感受到了妈妈的理解、信任，我知道您会倾听我，和我站在一起去解决问题。同时，我知道我可以坚持自己认为正确的事情，这给了我面对人生选择时的勇气和底气。"

故事二：小有顶撞拍卖行的大买家

小有大学毕业后，入职了位于美国费城、有着超过 250 年历史的弗里曼拍卖行，任职艺术品评估员。

有一次，弗里曼在费城组织的拍卖会上，发生了一件这样的事情。

一个在纽约的买家，通过电话竞拍参与这场拍卖会，负责他电话竞拍的是小有的一位女同事。这个买家对一件拍品很心仪，持续报出了他的竞拍价格，但拍卖现场也有人对这件拍品感兴趣，几次出价后，可能是客户在电话里稍有犹豫，竞拍"落锤"，这件拍品被现场的一位买家买到了。

电话竞拍的这位买家得知结果后，大怒。他火速从纽约开车赶到费城，一个多小时之后便出现在拍卖会现场，情绪激动地大闹起来。他指责弗里曼的工作人员失误，让他错失了这件拍品，他本来是可以继续出更高价格的。他扬言，如果问题得不到解决，他就要阻止接下来进行的拍卖，并在社会上散播对弗里曼不利的言论。

面对这位重要买家的言语和行为，现场气氛一度紧张，所有人都不知所措。此时，小有勇敢地站出来，以坚定的态度，对这个客户说："这是拍卖会现场，请您马上离开，我们不会允许任何人扰乱拍卖现场的秩序。"说完这句话，没等这个人反应过来，小有就拉着他一起走出拍卖会现场。

这位买家没想到，他的大闹没有奏效。在拍卖会场外，小有对他说："我知道，您对这件拍品很心仪，不然您不会为错失这件物品生这么大的气，更不会开车一个多小时从纽约来到费城。但现在，我们唯一能做的，就是要平心静气，想想有没有补救的办法。"

这位买家听小有这么一说，情绪稳定了下来。他告诉小有，他愿意付出更高代价，只要能得到这件拍品就行。小有答应他会尽量满足他的需求。

小有和这个买家一起再次回到拍卖现场。这时，小有已经有了主意，他想找拍得这个物品的买家协商，愿不愿意接受更高的价格，把这件物品转卖给纽约的买家？

弗里曼的同事知道小有的想法后，都劝他说，公司没有这个流程，建议他不要管这件事情。而小有认为，如果他们一个愿意买，一个愿意卖，这不是皆大欢喜吗？而对于弗里曼来说，一件拍品，赚了两次佣金，不是件更划算的事儿吗？

小有作为资历很浅的员工，遇到这种棘手的事情，敢于主动站出来解决问题，而且他已做好因为他的"灵活操作"被公司质疑的心理准备。

最终，这件事有了圆满的结局。在小有的积极撮合下，纽约的买家以拍卖成交的 10 倍价钱，获得了这件拍品。他欣喜不已，临走前硬塞给小有 3000 美金作为酬谢。小有推脱不掉客户的好意，他诚实地向主管汇报了客户给酬金的事情，并在拍卖会结束后，请参加这场拍卖的所有同事去酒吧喝了酒。

小有的这一行为，展现了他的独立思考能力和勇于面对挑战的精神。他并没有被既定的规则所束缚，而是敢于尝试新的解决方案。

小有就是这样，在权威面前不唯唯诺诺，他一次次尝试，没有受到家长、老师、领导的扼杀，逐渐养成了独立思考的习惯，以及敢于表达观点，不盲从、不卑不亢的性格。这让他在学习和工作中敢于做出不同的决定，勇于打破一些既定的规则。

用小有爸爸的话讲："儿子在一个充满爱的环境中长大，他的底色是善良的、文明的。同时，他又能把握边界和原则，知道该强硬的时候强硬，该妥协的时候也会妥协。这正是他融入社会所具有的基本生存能力。"

如何看待孩子的顶撞行为？

我觉得，不怕强权，不惧权威，是一个人向世界发出挑战的前提。

为什么这么说呢？这里，我通过不同国家对孩子"顶撞"的理解，更好地为大家诠释这一点。

第一，大胆质疑的"虎刺怕"文化

以犹太人为例，他们重视教育，擅长经商，拥有财富，还极富智慧。他们的国家，保持着"虎刺怕"文化。

"虎刺怕"源自希伯来语，意为"大胆地质疑，不管是好的还是坏的"。

以色列人从小就被鼓励去质疑。他们质疑一切，包括很多我们认为"应该"的事情。

在"虎刺怕"文化下长大的孩子，成年之后，在各个领域，涌现了很多改变世界的著名人物。

正因为大胆质疑，他们更容易产生有创意的点子。这些点子，要转化成现实解决方案，最佳途径便是创业。因此，他们所在的国家，被视为"创业的国度"。很多15岁左右的孩子就创立了公司，虽然最终的失败概率高达96%，但他们仍然选择继续尝试。

正是这种对失败的包容，增加了个体的活力。在这个过程中，人们依靠的一个重要品质，就是保持个性。可以说，"个人主义"是犹太人族群中最被尊重的品质，因为它代表着丰富的创造力和独特的思考方式。

第二，把老师当半个"骗子"的美国课堂文化

美国教授说，美国的孩子，在课堂上听老师讲课，既把老师当作半个专家，从专家身上学习知识；又把老师当作半个"骗子"，敢于指出老师哪里讲得不对。

在这样的文化背景下，孩子自主思考的能力很强，针对知识本身，会提出各种各样的疑问，有效地激发其探索的欲望。

第三，在中国，存在"权威恐惧"的现象

许多人在面对老师、领导、长辈等权威人物时，会不由自主地感到焦虑、紧张，甚至连话都说不出来。面对这些权威的错误或不合理行为，他们往往选择讨好、顺从，不敢表达自己的意见。

我曾经听到一个小故事：一个教授给学生一瓶水，学生马上就接受了。教授问："你真的需要这瓶水吗？"学生并不需要，他只是迫于权威，不得已接受一些不需要或不愿意接受的东西。

有这种倾向的人，小时候，大多成长在过于严苛的家庭环境中，或者是在过于规范，强调传统、压抑创新和个性的教育环境中成长。在这样的背景

下，孩子容易形成对权威的盲目崇拜，缺乏独立思考和质疑的能力。

在全球各地，人们对于孩子"顶撞"这一现象的态度各不相同。然而，当我们聚焦于学校这一特殊的成长环境时，不难发现，孩子常常会因为各种情绪而选择"顶撞"老师。这些情绪，有些是源于自己的，有些是针对同学或老师的，都是他们内心真实感受的反映。

当孩子面临难以解决的问题时，他们可能会选择"顶撞"这一极端的方式来表达内心的情绪。面对这样的场景，家长和老师都应保持冷静，不要急于发火或责备。相反，我们应当深入了解孩子如此表达情绪的真实原因，并尝试换位思考，理解他们的立场和感受。

孩子在发生挑战行为之前，通常需要很大的勇气，并会预判可能的后果。如果家长和老师任由自己的冲动，去制止和打压孩子，不但会让事态陷入被动局面，还可能给孩子带来难以弥补的精神创伤。

我很庆幸，小有小时候的"顶撞"行为，被我们很好地保护了。现在，他拥有独立思考和判断能力，对权威可以勇敢地说"不"，不惧怕，不盲从。

他常常对我说："妈妈，我很感谢您在我小时候和老师发生冲突时，没有责怪我，而是让我知道，我的每一个声音，都值得被听见。"

我支持和鼓励孩子勇敢表达自己的想法。同时，我更关注，保护孩子的自由思想不被"权威"所扼杀。之所以如此，可能源于我在学生时代的一段伤痛经历。

现在，我甚至记不起这个老师的名字了，但这件事情，我记忆犹新，它对正处于少年时期的我，造成了很大的精神伤害。

那是我刚进入高一的一段经历。高一的我，个子小，长得好看，圆圆的脸，大大的眼睛，很会打扮自己。我的高中班主任是一名物理老师，年纪50岁左右。

一次秋季运动会，班主任老师挑选了一个高大帅气的男生做"举旗手"，又挑选了我和另外一个大眼睛的女生做"护旗手"。

起初，我满心欢喜，认为这是一件很光荣、也很风光的好事儿。但当听到老师说让我们两个女生穿"超短裙"上场时，我顿时惊呆了。

我们正处于高一，青春期的羞涩与保守，让我们对穿着格外在意。女生夏天不敢单穿衬衫，总要在外面套上西装校服，生怕别人注意到我们渐渐隆起的胸部。

而我，连衬衫都不敢单独穿，又怎能接受在全校师生面前穿"超短裙"呢？更何况，还是在东北的秋季，天已经很冷了。

我实在想不通，鼓足勇气去找班主任，告诉她我不想做那个"护旗手"。记不清班主任数落了我什么，我依然执拗地说不当护旗手，这让班主任非常生气。

从那之后，我的学习成绩快速滑落，特别是她的物理课。这门对女生来说本身就很有挑战的学科，由于老师不待见我，我对她又怕又讨厌，自然就学得一塌糊涂。

整个高中三年，我的班主任一直对我采取"冷暴力"。而这一切，我的父母一无所知。他们不知道，他们的女儿只是因为拒绝穿超短裙而承受了如此多的磨难和痛苦。

这段经历，让我深刻体会到，老师、家长在孩子成长过程中拥有着巨大的权力。他们的决策，有时甚至能够决定孩子的"生死"。而我们所受的教育，又让我们对这些"权威"心生敬畏，不敢提出一丝反对。

我曾经有过这种经历：因为表达了自己的想法，被"权威"镇压、惩罚，曾让我一度失去勇气与自我。因此，在养育小有的过程中，我特别注意以下两点：

首先，我敢于质疑传统，坚定地信任孩子

我曾和自己有过这样的对话："和传统教育理念不同，就是不好的吗？我的孩子顶撞了老师，这是一件坏事吗？他是个'问题学生'吗？"

我坚信，每个孩子都是独一无二的，他们的成长需要我们的理解和信任。

当我的孩子表现出对传统教育模式的质疑，或是偶尔顶撞老师时，我不会给他贴上"问题学生"的标签，而是选择尊重他，相信他，理解他。

其次，我尊重孩子的每一个想法和选择

我始终将孩子的意愿和感受放在首位。在小有参与的事情上，我尽量让他自己做决定，尊重他的每一个选择。他想吃什么，去哪里玩，喜欢什么风格的衣服，结交怎样的朋友，上不上补习班，我给予他充分的自主权，再加以正向的引导。我们家没有绝对的"权威"，而是鼓励每个人自由地表达自己的想法，共同讨论并解决问题。

正是这样的教育理念，让小有逐渐形成了独立自主的个性。他明白，自己的人生是由自己掌控的，他有权决定自己的道路。这种自信和自主意识，将是他未来成长的宝贵财富。

我深知，如果孩子过于惧怕"权威"（如老师或家长），那么长大后，他很有可能也会惧怕领导，把自己放在"强权"之下，就很难坚定自己的认知，很可能经常会有"打落牙齿和血吞"的事情发生。

因此，我们的教育目标，应该是让孩子学会尊重权威、学习权威，但更重要的是培养他们独立思考和勇敢表达的能力。这样，他们才能在面对挑战和困难时，保持坚定的自我认知，勇敢地追求自己的梦想。

家长受到孩子挑战时，应该如何应对？

我能理解，当孩子向父母发出"挑战"时，会让父母感觉"没有面子"，甚至因为孩子的不服从，而产生"挫败感"。但是，换位思考一下，也许我们会发现，孩子的"挑战"其实是件好事。

具体而言，父母应该如何正确看待孩子带来的"挑战"呢？

首先，一定要沉住气，保持冷静

以"开放"和"接纳"的胸怀，让孩子勇敢地表达自己的观点。孩子是独立的个体，可以有自己的观点，有表达的权利，父母不该扼杀他们的思考。

其次，要意识到，"父母不总是对的"

2000 多年前，亚里士多德说："吾爱吾师，吾更爱真理。"在孩子面前，父母要"说真话"，真诚地面对自己"知道的"和"不知道的"，真诚地面对自己"做对"或"做错"的事情，厘清"孩子的需要"和"自己的需要"，坦诚地和孩子沟通，协商好解决办法。

最后，引导孩子在表达意见和情绪时，要彼此尊重

告诉孩子，即使不认同他人的观点，也要尊重他人。要教会孩子换位思考，问自己，如果我是对方，会是什么感受？我这个要求，是否可以换个时间、换个场合、换个表达方式提出来？

父母真的想要一个"听话懂事"的孩子吗？

当孩子长期生活在高压与严格的家庭环境中时，他们往往变得过于顺从，唯唯诺诺，缺乏独立思考和主见。他们习惯性地满足他人的期待和要求，过于在意他人的看法，这可能导致长期压抑自己的真实感受。

这种状态下，孩子会失去自我，形成所谓的"讨好型"人格。这样的孩子，怎么能活出光鲜亮丽的人生呢？

然而，那些敢于"顶撞"的孩子，长大后，可能成为一名出色的领导者，甚至是改变世界的人。正因为他们不喜欢盲从，特立独行，勇于表达自己的观点和感受，不会受到那些"应该""不应该"的羁绊。这样的孩子往往更加有责任、有担当，能够勇敢地面对现实世界的挑战。

作为父母，我们的目标不应该是培养出"听话懂事"的孩子，而是应该营造一个"自由平等"的家庭氛围，让孩子在爱与尊重中自由成长。当然，我并不鼓励孩子无礼的"顶撞"，但我也从来不会打击孩子，让孩子委屈地度过童年。

当孩子提出不同意见和质疑时，我们应给予他们足够的支持和鼓励，引导他们理性思考，共同寻找解决问题的最佳方案。

胆小的孩子，能成大事

如果你家里有个胆子特别小的男孩，你会焦虑吗？我曾跟很多家长一样，因为家里有个胆小的小有，而感到焦虑。然而，随着时间的推移，我亲眼见证了那个曾经胆小的小有，一步步成长、蜕变，我的那种焦虑也逐渐消失了。

18岁，他独自在美国读大学，还做着一些有意义的社会活动。

24岁，他踏上创业之路，在美国创立了自己的运动服装品牌。

如今的小有，自信满满，有责任有担当。他经常骄傲地对我说："这个世界上，如果只允许一个人成功，那个人一定是我。"我能感受到他内心的坚定和自信。

胆小的孩子，同样可以拥有一颗勇敢的心

回顾他的成长过程，我越发坚信，胆小并非绊脚石，而是孩子独特的成长之路。以下的三个小故事，或许可以很好地说明这一点。

故事一：从不敢滑滑梯，到敢于去尝试

小有小时候胆子很小，与他同龄的小朋友都在尽兴地滑滑梯，他就是不敢滑。有时壮着胆儿，爬到最高点，又犹豫了。不管我在下面怎样鼓励他，他就是胆怯，不敢滑下去。

我既生气又担心："一个男孩子，胆子这么小，可咋办呐？"有些焦虑的我，和小有爸爸说起这件事。

爸爸脱口就说："这是好事啊，说明咱儿子有风险意识，可以预见危险，还知道规避，不是那种满不在乎的'傻大胆'。"听了小有爸爸这番话，我就释怀了。

结合我多年的经商经历，的确，我看到过很多这样的事情：创业者凭着一番热情和胆量，把房子抵押给银行，贷出款来，用于创业，而且抵押的是

父母的房子。结果创业失败，输掉全部身家，年迈的父母被迫搬到条件很差的小房子里，这真是令人悲伤的结局。

之后，我和小有爸爸还是鼓励小有多尝试，让他知道我们可以保护他。我们再带小有出去玩，还会去滑梯那里。但我并不要求他去滑滑梯，而是和他一起，观察其他小朋友玩滑梯的过程，让他了解滑梯的安全性。

我对小有说："你是因为滑梯太高了，觉得危险，有点害怕，是吗？"小有点点头。我摸着小有的头，接着说："爸爸妈妈在下面接着你，在我们的保护下就没有危险了！这样的话，你愿意滑一下，试试好不好玩吗？"小有轻轻点了点头，在我们目光的鼓励下，他爬到滑梯最高点，一狠心就滑了下来。有了第一次的体验，小有完全没有了恐惧，也体会到了滑滑梯的乐趣。

在我们家中，我们不会用成年人的视角，对孩子的行为做评判。孩子身上的小问题，如果换一个角度看，都可以找到其独特的优势。

比如，在滑滑梯这件事情上，我们没有粗暴地说："你一个男孩子，滑滑梯都不敢，真是个'胆小鬼'！"相反，我们会思考，孩子为什么会胆小？胆小的孩子有哪些优势？社会上有哪些胆小但很成功的人？

我们深信，无论什么个性的孩子，只要得到正确的引导，都可以成为很优秀的人。

因此，我想对所有同样面临孩子胆小问题的家长说：请放下过度的焦虑，相信孩子的成长潜力。用理解、接纳和支持的态度陪伴他们，为他们提供足够的勇气和信心，让他们勇敢地面对生活中的每一个挑战。

故 事 二：飓风中勇敢撤离的少年

胆小的小有，在生活中却常常表现出特别果断和勇敢的一面。我曾把他勇敢的事例记录下来，写成一篇文章——《飓风中勇敢撤离的少年》。

那是在 2017 年 9 月，24 岁的小有刚从费城来到加州不久，他的小妹（小有叔叔家的女儿）考入了美国的大学，学校位于佐治亚州海滨城市萨凡纳

（Savannah）。小妹在长滩与哥哥会合。美国东部时间 9 月 8 日，小有送小妹去学校报到。

没想到，兄妹俩刚抵达学校附近，就接到学校的通知，由于美国史上最强飓风"艾玛"即将登陆，学生要马上撤到亚特兰大校区。雪上加霜的是，政府要求沿岸居民迅速撤离，所以兄妹俩准备入住的酒店停业撤离，兄妹俩预订的离港航班也被取消，机场关闭。

9 月 8 日晚上 8 点，小有毅然决定，租车自驾带小妹撤离萨凡纳，到亚特兰大乘飞机离开。一路上，他们在拥挤的撤离车队中行驶，经历了连续 5 个多小时的夜行之后，才到达亚特兰大机场，可是那里的离港机票也没有了。

情急之下，小有果断决策，驾车去临近的田纳西州努卡机场，一路上兄妹俩唱歌相互鼓励。直至 9 月 9 日凌晨 3 点，才到达努卡机场。小妹在机场停车场睡觉，小有因为担心遭遇不测，不敢合眼，整晚守护着小妹。

直到 9 日下午 4 点，兄妹俩终于乘飞机回到洛杉矶。计算下来，小有驾车行驶 1000 多公里夜路，连续两天一夜没有睡觉，身体和精神都经受了极大的挑战，最终成功撤出危险地带。

我有时会回想起小有小时候的模样，那个胆小的小男孩，对滑滑梯、过小桥、住宿舍都会害怕，还是一个爱纠结，总希望我帮他拿主意、替他搞定事情的男生。不知不觉间，我惊喜地发现，我的儿子在悄然间蜕变成了一位果敢而有勇气的少年。

在他身上，我看到了一个强大男人的样子，看到了勃发的生命力，更看到了那种能够照亮他人、激励他人的独特魅力。

故事三：小有成了一名创业者

如今，小有已是一名出色的创业者。2017 年，他在美国创立了 MH 公司。

小有很早就萌生了创业的想法，但他很犹豫，不敢做这个决定。当他和我很认真地讲他的创业项目时，我不仅支持，还动用我所能触及的资源，帮他完成了第一款产品的设计，并帮他找到第一家产品代工厂。

在创业初期，小有把我当成他的合伙人。他对朋友说："如果没有我妈妈的推动，创业这件事，我可能永远都只停留在想法上。"

我不仅是他的支持者，更是他坚实的后盾。我告诉他："妈妈愿意做你的投资人，你只管大胆去做，不用考虑钱的问题。"

小有在创业这件事上，也不是一个冒进的人。他选择了"轻资产创业"模式，从单一品类切入市场，通过快速迭代来打磨产品。他采用网红代言的互联网销售模式，精准地锁定了目标客户群，而不是做全部市场。他用极少的启动资金，便开始了公司的运营，用卖掉产品赚来的钱，进行再投入。直到一个品类销售量稳定下来，才开始扩大新的品类。

很多我认为在创业之初必须有的成本，比如，找中介注册公司、聘请全职会计、租赁办公室和仓库等，小有都节省下来了。

他选择在网上自助填表格注册公司；在有一定的现金流、税务需求之后，才聘请兼职会计；将办公室和仓库放在了自家的车库里。他和供应商订货时，极为谨慎，宁可单价稍微高些，也坚持小批量、多批次的订单模式。这样，不积压库存，更利于新品的快速迭代。

很长时间里，公司只有他一个人，他既是产品和网站设计师、摄影师，又是销售、运营人员，还要处理复杂的代工生产和物流发货等问题。真应了那句话，"一个人就是一支队伍"。小有经常乐呵呵地说："我创业最大的成本就是我自己。"

小有谨慎的性格，对他的创业产生了积极的影响。他思考缜密，总能看到问题的本质，对风险有着很强的预见性和把控能力。如今，MH公司已经走过了七个年头，进入了快速成长期。这一切成绩，都源于小有早期的"慢"。由于他对创业有敬畏心，才让公司稳扎稳打，避开了很多坑。并且，他把根基扎得很深，他的品牌也得以在美国众多同类品牌中脱颖而出，势不可当。

对于生产商来说，小有的品牌已成为他们眼中的"香饽饽"，他的订单量逐渐上升，同时也确保了小有向生产商及时付款。如果小有当初没有选择"轻资产"的创业模式，他可能会陷入入不敷出的困境中。正是他的先见之明和谨慎经营，才让MH公司在创业道路上越走越远。

胆小 ≠ 懦弱

孩子成长的过程中，对不熟悉的环境和人，会感到恐惧和紧张，这是很正常的。比如，害怕突然出现的喇叭声、害怕狗叫、怕黑、怕水、怕高、怕打雷、怕打针、怕小虫子等。这意味着，孩子的认知能力达到一定水平，开始意识到危险的存在。但他还不能理解事物背后的逻辑，所以会呈现出"胆小"的状态。

面对孩子的胆小，很多父母常常把"胆小"和"懦弱"关联到一起。他们总是很主观地认为：胆小的人，一定也是懦弱的。很多胆小的孩子，就这样被人贴上"懦弱"的标签，被定义为软弱无能、害怕困难、缺乏勇气。这也导致，这样的孩子，会觉得自身的人格是有缺陷的。

但我想告诉大家一个真相：大多数胆小的孩子，绝不懦弱，甚至比看起来胆大的孩子，更自信、更勇敢、更有主见。

像我儿子小有，他从小到大，怕高、怕虫、怕黑，怕很多东西。但从小到大，没有人欺负过他。哪怕是学校里爱欺负人的"坏小子"，也从不敢欺负小有这个整天笑嘻嘻的小男生。就算他初中刚入学时，成绩很差，也从未遭受过同学的嘲笑和老师的歧视。

小有总是很骄傲地说："全世界的人都'爱死'我了。"他这样一个生活在非常幸福的家庭中的孩子，有着巨大的心理能量，无论干什么事，底气都很足。他觉得自己有后盾，面对任何人都没有必要自卑、胆怯。

最让我印象深刻的一件事，就是小有高中毕业那年暑假，在北京某驾校学车。驾校的师傅非常严厉，学员开车稍有点错误，他们就大吼大叫。在师傅的压力下，学员会更加紧张，手忙脚乱，难以集中注意力。

一些学员为了讨好师傅，会给师傅买烟、买饮料，想让师傅对自己好点儿，能认真教自己，并顺利通过路考。

小有的师傅，是一个爱欺负学员的人。有一次，小有刚有点失误，师傅就冲着他"吼"起来，小有用眼睛狠狠地瞪着他的师傅，严厉地说："你把嘴给我闭上！"说完，小有像没事儿一样，继续将注意力放在开车上。

这个师傅惊呆了，他看着这个年纪很小，长得魁梧，很霸气，看起来"不好惹"的男生，顿时没了脾气。从那之后，这个师傅再也没对小有吼过一次。小有一上车，师傅就笑脸相迎，很耐心地教他开车。

小有胆小但不懦弱，他在国外生活的经历，更是证明了这一点。很多家长担心自己的孩子在美国会遭到歧视。小有却总是笑嘻嘻地说："哪个人敢歧视我呢？我不歧视他们就不错了！中国人这么聪明，还这么富有，我到哪儿，都是被尊重、被关注的人。"

小有的例子，正是我想向家长传达的信息：孩子胆子小，不是个事儿，但孩子绝不能"懦弱"。

作为家长，我们不应该对孩子说："我告诉你，你在外面可不能给我惹事儿。"相反，我们应该在孩子的心中建立起信任和安全感，理解和接纳他们的恐惧。同时，我们要鼓励孩子勇敢地探索、尝试新事物，给予他们从恐惧中走出来的力量。

我们可以告诉孩子："孩子，没有人可以随便欺负你，咱不惹事，但也不怕事。如果有人欺负你，你要勇敢地反击，让他们知道你不是好欺负的，同时，记得告诉爸爸妈妈，我们会永远站在你这一边。"

对于胆小的孩子，父母的角色尤为关键。我们需要做的，就是要成为孩子的靠山，给予他们足够的安全感和自信心。

胆小的孩子，需要多鼓励

父母要理解，为何孩子会胆小？是因为他害怕，有顾忌。当一个人感到害怕，退缩的同时，他会思考得更周全。因为他心里比谁都清楚，宁可退一步，也不要逞一时之勇。这种人往往能耐得住寂寞，到关键时刻，他们就会反弹。

当然，我们要正视的是，很多胆小的人，会选择逃避困难和挫折，或者不敢跟人竞争，处处忍让，这样就得不到锻炼，依然会一事无成。

所以，我们要鼓励胆子小的人不要怕事，要敢于做事。现实生活中就有这样的例子，很多人表面上看起来很胆小，但真正遇到事的时候，他们比那些平时看着胆大的人更沉着、冷静，并且能思考出解决问题的办法。

我儿子小有就是这样的人，他在做决策前，往往会思前想后，很纠结，有很多顾虑。一旦他想通了，做起事来就会"有勇有谋"，也很有持久性。

所以，面对胆小的孩子，当他们迟迟下不了决心的时候，身边要有一个能"推他一把"的人。在我们家里，我就是那个在关键时刻"推儿子一把"的人。

毕竟，在这个世上，总有些人很胆大，有些人很胆小。胆小孩子的父母，要有这个信念，那就是：胆小的人，更容易成大事。就像老话说的，"小心驶得万年船"。那些胆小心细的人，他们知道居安思危，因此能够长久地保持胜利。

不信，你看俞敏洪、雷军、李开复等人，他们曾经也都是胆小的人。可现在，他们的事业都取得了巨大的成功。

正因为胆小，对于渴望的事情，他们会保持敬畏之心，做足充分的准备，并且会谨慎行动。这样的成功，反倒让人敬佩。他们懂得把收益与风险都计算于心。所以，胆大、勇气，都要建立在细心之上，没有细心，你的人生不过是"赌"一把，失败也是必然的。

　　每个孩子都是上天赐予父母的独特礼物，是独一无二的，正如世界上找不到两片完全相同的树叶。面对孩子的个性，家长不要期待有太大改变，我们不应该用世俗的标准去衡量他们，更不应该将他们与其他孩子作比较。相反，我们应该积极引导他们，发现他们的优点，挖掘他们的潜力，用信任和鼓励为他们加油打气。

　　针对不同性格的孩子，我们需要采取不同的教育方法。比如，对于胆小和缺乏自信的孩子，我们给予更多的鼓励和支持，用温暖的话语和行动激发他们的勇气，绝不能恐吓和否定孩子。对于那些喜欢冒险的孩子，我们则需要帮助他们明确目标，与孩子一起讨论冒险可能带来的风险，让他们更加明智地作出决策。

　　在人生的道路上，每个孩子都在不断地成长和蜕变。或许，今天那个胆小怕事的孩子，明天就能勇敢地迈出自我突破的一步。作为家长，我们要做的就是在他们身边默默守护，用信任和鼓励的话语为他们加油打气："孩子，别怕，大胆去做吧，你一定能行！"

敏感的孩子，对人和事会有深入的洞察

　　美国心理学家伊莱恩·阿伦调查发现，在这个世界上，有15%到20%的人，属于高敏感人群。"高敏感"，是指天生对周围的人与环境，具有敏锐感觉的一群人。这些人往往感情细腻，想得太多；只因一点小事，情绪就过度反应；很在意别人对自己的看法；善于深度思考，很深入地感受事物；能注意到别人忽略的细节；对声音、光线、气味、温度、触觉、疼痛等非常敏感；在一些事情上容易纠结，等等。

　　如果你的孩子有以上的一些特点，你的孩子可能就是"高敏感"的孩子。

高敏感不是缺陷，而是一种与生俱来的气质

我儿子小有就属于"高敏感人群"。他的高敏感体现在：对环境的细微变化很敏感，比如声音、气味、颜色等；对外部信息很敏感；对事情的反应和思考，要比一般人更多、更深；他有很强的同理心和共情能力，可以感知他人情绪，也容易因为外部事物，而影响自身情绪；他心思敏感，也伴有多疑的性格特征。

结合小有的成长经历，以下几件小事，能够很好地体现他的高敏感特质。

第一件事：对陌生人保持警觉

小有小时候，我带他坐公交车。他的小手扶着车厢柱子，突然，一个涂着黑色指甲的手，也搭在同一根柱子上。小有看了一眼涂黑指甲的阿姨，然后小心翼翼地把他的小手，慢慢从柱子上移开了。

我在旁边看到这个情景，觉得挺好笑。小有很警觉，我知道，他把那个涂黑指甲的阿姨当成"坏人"了。

第二件事：对环境变化和不确定性敏感

在小有五岁时，有一次，我们全家去长春的大伯家，大伯热情邀请我们全家住在他家里，大伯家既宽敞又干净，我和小有爸爸欣然接受了。

可刚睡下，小有就闹着不在大伯家睡。我和小有爸爸只好从被窝里爬起，带着小有到附近的宾馆住下。后来我们意识到，这是因为小有对环境的变化很敏感。

小有从小到大，从不在别人家睡觉，也不适应集体住宿的生活。

第三件事：对人对事表现出超乎寻常的敏感

我和他爸爸跟小有通电话时，如果我们没有很专注在讲话上，小有马上就能听出来，而且他能判断出我们一边讲话，一边在做着什么事。

小有看人的眼光也入木三分。一个陌生人，他只要看上一眼，就基本能判断，要不要和这个人交朋友、做生意。

很多人认为，高敏感是一种缺陷，它会导致一个人活得很累。这种人总是努力想过成别人眼中期待的样子，为自己做不到别人能做到的一切而自责；把大量的时间用在内耗上，任何外界的微小刺激，都会触动他们那根敏感的神经。

在我看来，每个人都以自己独有的方式，感受着世界上发生的一切。高敏感人群，他们的直觉、创造力、审美和共情能力，都超乎常人。只是由于他们天生太过敏感，患得患失，乐此不疲地陷入精神内耗，常常被贴上"矫情""玻璃心"的标签。

我一直坚定地认为，正因为小有敏感，才让他更有同理心，拥有高情商，对美的感知力也更强。比如，他对艺术有着与生俱来的天赋，这使得他能够更深入地理解和欣赏各种艺术形式。

作为创业者，他能够第一时间感知世界的变化趋势，这是商人不可或缺的素质。商人的本质在于"洞察力"，透过纷繁复杂的现象，洞察到市场的潜在机会。

高敏感人群的思考方式与众不同，他们能从别人忽视的角度发现问题，并产生独特的创新想法。小有的直觉敏锐，他对产品设计、市场营销，有着近乎天生的直觉判断，好像很自然地就知道应该怎样做似的。

正是基于这种敏锐的洞察力，小有捕捉到了美国健身文化的风潮，从而创立了"MEAT"品牌。他深刻理解美国人崇尚"硬汉"的文化精神，并将其融入品牌之中。这使得"MEAT"在运动品牌中独树一帜，产品从各个细节都彰显了硬核的美国健身文化。明晰的品牌定位，让"MEAT"品牌具有了鲜活的生命力。

在我看来，高敏感不等于脆弱，不是一种缺陷，更不需要被纠正。高敏感意味着一个人有着丰富的内心、细腻的审美、深刻的洞察，是一种值得被珍视的天赋。

父母要成为高敏感孩子的"稳定器"

那么，父母如何养育高敏感的孩子呢？

结合陪伴小有成长三十年的经验，我总结出一个极为有效的方法：父母要做高敏感孩子的"稳定器"，为他们提供一个安全、稳定的环境，让他们的天赋得以充分展现。

首先，关注并尊重孩子的情绪感受

高敏感的孩子，对情感变化极为敏锐，他们可能会因为一些在常人看来微不足道的事情而感到困扰。因此，父母要细心观察、耐心倾听，真正理解孩子情绪背后的状态，而不是简单地对他们的情绪表现感到不耐烦。

一个忽视情感的家庭环境，可能会让高敏感的孩子在内心深处产生自我否定感。相反，父母如果能够重视孩子的情感需求，及时、充分地回应他们的情感流露，孩子就会感受到被接纳、被理解，从而建立起更强的自信心和安全感。

要知道，许多让高敏感的人觉得烦恼的事情，并不是什么大事。那些烦恼，只是因为他们执着于追求完美，总想把每件事做到尽善尽美，而忽略了让自己轻松快乐地生活。

家长必须警惕的是，高敏感的孩子若长期身处一个忽视情感的环境中，他们的内心会逐渐累积起一种被忽视和不被理解的感受。随着孩子的成长，这种感受会变得更加强烈。此后，即使父母付出极大的努力去与孩子沟通，也总是难以触及孩子的真实内心世界，父母与孩子之间的"鸿沟"会变得越来越难以逾越。

反之，当你能够真正重视并尊重孩子的情感时，你会发现，高敏感的孩子，哪怕是一点小事，都会和父母唠叨个没完没了。你会意识到，有这样一个孩子，是多么幸运。因为孩子从小到大，无论大事小事，你都会第一时间得知。然后，你就会成为孩子的知己。

像我家小有，每天放学回家见到我，都会把这一天学校里发生的所有事情讲给我听。其他同学的家长特别羡慕我，因为他们的孩子，什么都不和父母讲。有几个妈妈，还常常给我打电话，询问学校的一些事情。可见，重视孩子的情绪感受，对于亲子关系是多么重要。

如今，小有已经三十岁。虽然远在美国，但每天早上6点，他都会如约给我打来电话，和我聊这聊那。虽然偶尔需要我帮他疏导一下情绪，但更多时候他都是正能量满满。他分享的信息总是那么鲜活，让我仿佛与他一同置身于那个遥远而精彩的世界。

我非常享受和儿子的这种"神交"，每当我说出一个很好的建议时，他总会给予我无比的热情和肯定。他会激动地回应我："嗯，我非常喜欢您这个想法。"

其次，父母要成为好的"倾听者"

对于敏感的孩子，当他们表达情感需求时，我们要充分地接纳、理解和认可。

在我们家里，小有爸爸就是小有情绪疏解最好的"稳定器"。同样的事情，小有总是会显得很纠结，反反复复地诉说。

有时我会不太耐烦，但小有爸爸总是耐心地听小有重复说了无数遍的事情，还总是像第一次听到一样。然后，爸爸和小有一起分析，探讨对这件事情的看法。说着说着，小有情绪就稳定了，心结也打开了，自然就有了解决办法。

最后，家长要对孩子的优势进行鼓励

我最喜欢小有陪我逛街买衣服，他既有耐心，又特别有审美眼光。有他做我的穿衣参谋，真是太幸福了。不夸张地说，我对大品牌的认知，都是小有教给我的。

而且，他对大牌的认知，不像普通人那样只认识几个牌子的logo，而是天生对于创立品牌就有着极高的敏感性。因此，他对品牌的认知也会更为深

刻。这一优势，决定了他创立的几个品牌都很成功。

高敏感的人通常具有丰富的创造力和想象力，他们常常将"创作"作为一种应对情绪反应的方式，通过创作来表达自我、调节情绪。许多优秀的作家、画家、音乐家等从事创造性工作的人，都具备这种"高敏感"的特质。

小有正是这样，他通过画画、写日记、写文章、摄影等方式来调节情绪，释放压力。这些创作过程，不仅帮助他缓解了情绪，而且展现出他非凡的才华。

挖掘高敏感孩子的天赋——卓越的洞察力

高敏感的孩子，具有一种不可被忽略的天赋——"洞察力"。但凡真正的高手，特别是卓越的商业人士，都拥有非凡的洞察力，他们能够认清形势，以独特的商业嗅觉，捕捉到机会，并有勇气积极争取。

那么，什么是"洞察力"呢？

"洞察力"，是对细节的敏锐捕捉，是对事物和人的深度感知，是透过现象看本质的能力。它整合了感觉、知觉、记忆、思维、判断和分析等多元能力。

那么，作为家长，我们如何进一步培养和强化孩子的"洞察力"呢？

首先，激发孩子的好奇心

大自然的一切，都是培养孩子观察力的最佳课堂，千变万化的自然现象，是孩子观察学习的最好教材。我们可以带孩子走进自然，引导他们观察山水、土地、植物和动物，以及四季的更迭。这样的体验，不仅能提升孩子的感知和观察能力，更能激发他们对这个世界的好奇与热爱。

例如，从小有刚学会走路开始，我们家就开始了周末和假期的旅行。我们共同种植植物、饲养小动物，每天观察它们的变化，见证生命的奇迹。我们还会一起观察蚂蚁搬家、蜜蜂采蜜，让小有学会用眼睛捕捉世界的美好。

其次，鼓励孩子思考和提问

不要把孩子当成"小朋友"，我们要将孩子视为和成年人有同等地位的独立个体，尊重他们的想法和意见。当他们遇到困难时，与他们一起讨论，引导他们自主决策。

同时，父母遇到了难题，也可以和孩子讨论，让他们发表自己的见解。通过这样的讨论和互动，父母在有意无意中，就会把社会经验和知识传递给孩子。

这种互动式的讨论和学习，能够帮助孩子更好地理解问题，找到最佳的解决方案，从而提高他们的分析能力和洞察力。

最后，专注于当下，倾听孩子

当孩子分享自己的想法和感受时，我们要放下手中的事情，赶走多余的思绪，将全部注意力交予当下，去倾听孩子的声音。

无论孩子的想法是否合理，我们都应暂时把自己的建议、帮助孩子的冲动放到一旁。我们要关心他们此时此刻的想法和感受，给予他们真诚的反馈和支持；我们要关心他们的感受和需求，避免指责、评价和否定。

这样的倾听和沟通，能让孩子感受到我们的关爱和支持，从而更加自信和勇敢地表达自己的想法和见解。

刘润老师说过："一个人在成功之前，必须有一个清晰的定位和一个独特的优势，从而建立起自己独特的竞争力。"

对于高敏感的孩子来说，他们的优势就是与生俱来的洞察力和对美的感知能力。作为家长，我们不要试图改变孩子的个性，只需让他们充分认识自己，发挥自己个性特征的优势，释放他们的天性和与生俱来的能力。

很庆幸，我儿子小有的高敏感特质，让他既有对美、对艺术的先天感知能力，也有对商业世界独特的洞察力。在他选择创业的道路时，他毫不犹豫地选择了与"美"紧密相关的事业。这份事业，激发了他内心深处的热爱，更让他能够充分发挥自己的独特优势。

内向的孩子，心向所愿不畏纷扰

一个人的性格倾向，无论是内向还是外向，很大程度上受遗传基因的影响，这是与生俱来的特质。然而，教育环境和生活经历也会在一定程度上塑造我们的性格，带来后天的影响。

有的孩子天生活力四射，喜欢打打闹闹，活泼好动，喜欢交朋友。

而有些孩子，则天生比较安静、爱独处。相比其他孩子你追我赶热热闹闹地玩，他们更乐于沉浸在自己的小世界里，自己玩、静静地看书、自由地想象。对于热闹和不熟悉的环境，他们可能会感到紧张、不安，甚至想逃离。

值得注意的是，有些孩子的性格表现并不固定。他们在外人面前显得内向羞涩，但在熟人面前，话会很多，展现真实的自我。这是因为在感到安全和被接纳的关系中，他们能够放下防备，展示真实的性格。这里所说的"安全"，与真实的环境无关，只与孩子内心深处的信任感和归属感有关。

内向的孩子，拥有不可估量的潜在优势

谈及内向，许多家长都会觉得这是孩子性格上的不足，试图通过各种方式使其变得外向。然而，这种强制性的改变，无疑会让孩子非常痛苦。我亲身经历的一个故事，让我对内向有了更深刻的理解。

有一次，我请一家人吃晚饭，一对夫妇带着他们 13 岁的女儿。女孩瘦高个子，眉目清秀，但显得非常腼腆，不爱和人说话。她的妈妈在向我介绍她时，说女儿学习很好，就是太内向，不爱说话，不太合群。这个妈妈说，她很着急，一有机会，就带女儿出来见人，想让女儿变得更外向一些。

席间，我问女孩："你多大了？在哪个学校读书？读几年级？"没等女孩开口，这个妈妈就迫不及待地替女儿回答。而且，还不忘数落女儿几句："悦兰阿姨问你话呢，你不要只管在那儿吃东西好吗？"女孩在一旁愣愣的样子，

有点窘迫，很不自在。我在想："这个女孩此时应该很想逃离这里吧？"

终于，晚饭吃得差不多了，爸爸对那个妈妈说："你带女儿去旁边公园走走吧，我和悦兰老师谈点事，一会儿你们再回来找我。"就这样，女孩蹑手蹑脚地跟着妈妈离开了房间。

在我们身边，许多家长都试图强制改变孩子的内向性格。之所以想要让孩子变得外向，是因为他们认为外向的孩子更活泼开朗，更受人关注，更招人喜欢。然而，这种观念往往导致他们忽视了内向性格所具有的独特优势，错误地认为内向是一种需要纠正的"缺陷"。

但我要强调的是，内向并不是"缺陷"，而是一种独特的性格特质。事实上，从成功的角度来看，有调查显示，成功者中，内向性格者的比例远远高于外向性格者。

例如，爱因斯坦、比尔·盖茨、沃伦·巴菲特、马克·扎克伯格、马化腾等杰出人物，都是内向性格的代表，他们用自己的方式证明了内向性格的力量和价值。

经营企业多年，我与各种性格的人都打过交道。我总体算是外向性格，最初确实更偏爱与外向性格的人交往，因为我们总是有话直说，沟通畅快。

但近些年，我逐渐发现，内向性格的人身上散发着一种独特的魅力。并非我刻意为之，我公司的高管和技术骨干，大多是内向性格。

我们所处的新能源行业，项目交付周期紧，且涉及多方协调，常常多个项目同时运作，技术方案和运营难度都比较大。在这样的高强度、高压力下，他们的内向性格赋予了他们超乎寻常的冷静和稳定。无论局面多么复杂，他们都能保持清晰的头脑，做出明智的决策，确保项目顺利推进。

虽然他们话很少，但只要涉及和客户、供应商、合作伙伴的交流，他们总能不急不躁，以不卑不亢的态度，赢得对方的信任与尊重。

内向性格的人，往往能够深入地结交朋友。一个项目结束，合作伙伴还愿意与他们长期合作，这不仅为公司带来了业务的拓展，更为公司赢得了良好的口碑。

他们内敛而低调，不愿出风头，却能在关键时刻展现出强大的实力。他们不擅长自我展示，却更能沉下心来踏实做事，并且能够很持久地做一件事，他们是职场中非常难能可贵的合作者。

与这些内向性格的伙伴长期相处，我发现自己也受到他们的影响，性格中融入了更多的内向元素。我开始更加珍惜独处的时光，享受沉浸在书中的宁静与美好，这种"心流"状态，让我感到无比惬意。

在和不同性格的人相处的经历中，我深刻体会到外向者和内向者各自独特的优势。接下来，我想分享一下内向者相对于外向者的几个独特优势。

第一，做事层面。外向者做事充满热情、精力充沛、风风火火。然而，他们有时因过于热衷而缺乏明确的目标感，可能有很多想法，执行起来，却展现出不够可靠和细致的一面，做事也容易只有三分钟热度。

内向者虽然不擅长表达，但他们做事时高度专注、目标感强、有始有终、踏踏实实。

第二，交友层面。外向的人，往往能够迅速融入各种圈子，结交广泛的朋友。但他们的友谊可能相对浅薄，缺乏深度。

内向的人，朋友只有两三个，且每个都是挚友。他们挑选和自己气质、性格和三观相似的人做朋友，而非简单地出自兴趣和利益。

有调查显示，超过一半的人，更喜欢与内向者交朋友，因为他们通常更加幽默、贴心、细腻，且更重视友情。

第三，表达层面。外向的人，表达欲望强，喜欢用语言去表达自己的想法和情感，他们是天生的"输出者"。

内向的人，则更多是"输入者"，他们善于倾听和观察，将接收到的信息在内心慢慢消化。这种特质使他们内心更为丰富和有深度。在一个相对封闭的空间里，内向的人能够顺从自己的内心，专注于自己向往的领域，无视外界的纷扰。

此外，虽然内向的人不喜欢说话，但善于深度思考，大脑活跃，不易受外界干扰。同时，他们心思细腻，更容易感知到生活中的美好和幸福。

第四，专长层面。根据美国一项长达 30 多年的研究，内向型性格的英才数量是外向型性格英才的 3 倍。这表明，内向者在某些领域，如创作、艺术、科研和商界等，具有独特的天赋和优势。这些领域往往需要深入的思考和敏锐的洞察力，而这正是内向者所擅长的。

内向≠孤僻、社恐

很多人错误地将"孤僻"和"社恐"的标签，强加在"内向者"头上。但事实上，"内向"与这两者完全不是一回事。

孤僻的人，往往表现出独来独往、离群索居，凡事与己无关、漠不关心、自我禁锢，对他人怀有戒备心理，缺乏交往的意愿和热情。

而内向的人则不同，他们渴望与人交往，只是交往的主动性稍弱一些。性格内向的人，当遇到喜欢的人时，同样可以流畅地交流，只不过他们不太愿意在更多人面前暴露自己的想法而已。

结合两者的特性，我们发现，内向的人并不害怕社交，他们只是需要较少的社交关系来满足自己的需求。他们可以在特定的社交场合中表现得游刃有余，并建立起高质量的朋友关系。与孤僻者不同，内向者并不排斥社交，他们只是更享受独处时的宁静和专注。

社恐，则是一种心理障碍，表现为在社交场合中出现过度的焦虑、恐惧和回避反应，这与内向的性格特质截然不同。内向者可能在面对陌生人或新环境时感到不适，他们的不适感往往源于对未知的担忧和内心的不安，而非对社交的恐惧。

性格内向的人，可能由遗传、环境、教养等多种因素共同作用而形成。他们可以在适合自己的环境中发挥出独特的优势，如沉稳、安静和专注。这些特质使得内向者在某些领域更具竞争力，如学术研究、艺术创作等。

罗永浩就是一个典型的例子。他曾在演讲中坦言:"你们别看我站在台上能侃侃而谈那么久,其实我是个内向的人。参加超过 5 个人的饭局,我就会全身不舒服,每次饭局以后,回家都要一个人狠狠读一天书才能缓过来。"

对他而言,他很清楚自己是个内向的人,但他并没有觉得内向是一种性格缺陷,反而以此为优势,成为一名优秀的英语老师。现在,他不仅擅长演讲,还能直播卖货。

由此可见,内向并非成功的绊脚石,反而可能是他们独特的优势所在。内向的人,一旦找到了自己的定位,便能以更专注和享受的心态,投身于热爱的事情中。

作为家长,当你拥有一个内向的孩子时,请坚定信心,他们沉稳、安静的性格特质,实际上蕴藏着巨大的潜力。只要我们善于引导,让孩子发挥这些优势,内向的孩子就能够取得卓越的成就,过上幸福美满的生活。

内向的孩子,有必要变得外向吗?

在这个日益重视人脉与社交的社会中,我们不难听到这样的声音:"孩子太内向,长大会没出息,得让他们变得外向些。"

爸妈往往认为内向的孩子在社交上需要更多锻炼,因此,每当家里来客人,爸妈会要求孩子向客人问好和道别,甚至要求孩子在客人面前展示才艺。这些行为对于内向的孩子来说,是一种精神上的煎熬。

我有个要好的朋友,她天生内向。小时候,她妈妈作为政府部门的处长,一直试图将她塑造成一个外向的人。尽管她内心并不愿意改变,但是这个世界,总是通过各种各样的方式告诉她:"内向不是通往成功道路上该有的性格,你应该尝试成为一个外向的人。"

所以,尽管她心里知道,内向才是她真正觉得自在的表现,她却不得已要做出改变。很多年来,她一直在否定自己的直觉,很挣扎。她并不喜欢那种迎来送往、耗费精力的社交,又怕让人觉得自己性格孤僻,不好相处。

她很无奈地和我说："刚开始，我还觉得，通过尝试和磨炼，我好像突破了卡点，在社交场合上做到了应对自如。可慢慢我才发觉，这样做，我一点都不快乐，到头来还把自己搞得疲惫不堪。"

内向的孩子，经常被父母告诫，要"多走出去"，要"主动与人交往"，仿佛只有这样，才能赢得认可。在父母的影响下，许多内向的人想要改变内向特质，开始尝试融入社会。但他们在与外界交流时，很快发现，假装外向，会过多损耗能量。即使他们因为表面的外向，适应了频繁的交际应酬，内心对此也是充满抵触的。

当然，希望孩子从内向转变成外向，并不是父母单方面的要求，而是源于我们所处的社会，确实更加偏爱外向的人。那些敢于表现自己的人，会争取到更多关注与机会。

不过，这并不意味着，我们必须成为外向的人。而且，绝大多数情况下，内向者强制转变成外向者，反而会磨灭内向者本身的特质。

我认为，内向的孩子无须被迫做出改变。内向与外向，仅仅是性格展现出的不同状态，每种性格都有其独特的魅力和价值，都值得被尊重与欣赏。我们不应盲目否定或试图改变内向的特质，而应鼓励孩子坦然接纳并了解自己的独特性格，发现并发掘其中的优势。

每个孩子都有权利以自己的方式与世界互动，只要他们在自己能够接受的范围内，选择那些能够让他们更舒适、更自信地融入社会的行为方式，就足够了。

这里，我想到了被奉为天才的爱因斯坦，他很晚才学会说话，一直到7岁时，他依然是个沉默寡言、不愿意说话的人。然而，正是这种内向的性格，使他更专注于内心的世界，深入思考，将内在的敏感转化为对世界的深刻洞察力。他的孤独和安静，实则蕴藏着无比强大的力量，推动他不断前行，最终成为伟大的科学家。

同样，相声大师郭德纲也曾在采访中坦言自己的内向性格。在家庭中，他享受那份宁静，孩子送来了水果，都是放下就出去。如果孩子多说几句，他会嫌烦。这和那个在舞台上"说学逗唱"俱佳的相声演员，简直判若两人。而且，不止他，许多喜剧创作者，都拥有内向的特质，他们的专注与深度思考，让他们能够创作出触动人心的作品。

因此，我们应该尊重孩子的内向特质，并珍视其所带来的独特优势。对于家长来说，当然可以鼓励孩子交友，融入团体，尝试新事物，但重要的是不要强迫他们改变。内向的孩子需要时间和耐心去适应，他们需要用自己最舒服的方式去尝试和成长。

毕竟，任何事情都有好有坏，凡事过犹不及。作为父母，不要拿自己孩子性格的坏去和别人孩子性格的好相比较。

内向的孩子，也没有必要为了"合群"而改变自己。要知道你本来就很好，没有必要融入你融不进的圈子。而且，我认为无论内向或外向，都是我们自身的人格特质，我们要学着与它共处，而不是对抗。

作为父母，我们应该告诉孩子："你的内向特质是你的宝藏，是你独特的魅力所在。勇敢地做自己，去追寻你内心的快乐和满足。"正如古人所说，"子非鱼，安知鱼之乐？"你就是你，你是颜色不一样的烟火。

慢性子的孩子，做事更从容淡定

亲爱的家长，面对孩子的慢性子，你是否时常感到焦虑和困扰？他们干什么都"慢吞吞"，起床慢、穿衣慢、吃饭慢、写作业慢，不急不忙，一点时间观念都没有。

而我们可能因为希望他们快点完成而感到着急，经常一遍遍催，可越催，孩子越慢，我们就越着急，越着急越催。于是，陷入了恶性循环。

孩子的成长有其自然的规律和节奏，当父母过度催促孩子提前达到某个标准或完成某些任务时，可能会无意中破坏他们的专注力和主动性，让他们感到被推着走，而非自发地追求进步。这种压力让孩子难以感受到学习的乐趣，甚至可能使他们对学习产生抵触情绪。

更令人担忧的是，长期处在这种催促和压力下的孩子，其智力发展和心理健康都可能受到严重的威胁。

慢一点，才能领略人生的更多风景

慢性子也有慢性子的好处。

第一，慢性子的孩子，能在外界的催促中仍然保持自己的速度，坚持自己的节奏，这本身就是一种强大的心理素质。

第二，慢性子的孩子有头脑，做事情有自己的主见。他们往往更沉稳、认真、专注和理性。他们总能一丝不苟，考虑周全。

第三，慢性子的孩子不着急，是因为深知急躁容易犯错，他们懂得平复情绪，冷静思考，寻找到正确的方向后再采取行动。这种沉稳和理性，让他们在面对问题时更加从容不迫，也更容易找到解决问题的有效方法。

在这个快节奏的现代社会中，我们往往被压力和焦虑所包围，似乎每件事都需要尽快完成。然而，这种匆忙的生活方式只会让我们错失更多的美好。

假如我们学会放慢脚步，用更冷静的心态去面对问题，就会发现，事情往往能够得到更好的解决。

第四，慢性子的孩子，更懂得享受生活。他们懂得在忙碌中寻找宁静，在喧嚣中感受平和。他们懂得欣赏沿途的风景，让每一个瞬间都充满温馨和美好。

这种从容不迫的生活态度，让我们深刻认识到，人生不仅仅是追求和忙碌，更是一场品味与享受的旅程。

人生之路漫长而曲折，需要我们学会适度地放缓脚步，去体验那些被忽视的美好瞬间。太多人一生都在匆忙追求，却未曾停下脚步，真正品味生活的甘甜。或许直到生命尽头，他们才会遗憾地发现，生活的乐趣与美好都被自己忽略了。

而那些懂得"慢慢来"的人,他们更能够用心感受生活的每一刻,让岁月在温馨、美好与欢乐中流淌。

父母要用耐心,接受孩子的"慢"

如前所述,慢性子有很多的好处。但"慢性子"的孩子,一旦遇上"急性子"的父母,双方就很容易发生冲突。

在我们家里,我就是个"急性子",干什么都快。我五分钟就能吃完一顿饭,午睡只需要十分钟,想到什么事,马上就去做。

然而,小有小时候的"慢性子",却让我有些无奈。他常常在吃饭时看动画片,导致半小时都吃不完一顿饭,碗里还会剩下米粒。

面对这种情况,我很恼火,总忍不住责备他。但多次尝试后,我发现责备和催促并没有效果。于是,我和小有爸爸商量:"如果我们强制关掉电视,小有肯定会闹情绪。那我们就稍微延迟晚饭时间吧,让小有先看完他喜欢的动画片。当开始吃饭时,我们关掉电视,让他专心吃饭。"

自从把看电视和吃饭的时间进行了合理规划,小有边看电视边吃饭的情况就很少发生了。同时,我和小有爸爸也尽量每天回家陪小有吃晚饭。晚饭后,我们会一起在小区里散步,享受一家人在一起的轻松时光。

当然,接受孩子的"慢",并不意味着我们要替他完成所有的事情。在小有上学的时候,每天早上,姥姥姥爷都会准备好早餐,再喊小有起床。小有吃着早饭,姥姥姥爷帮他装好书包,司机的车早已等在门外。姥姥姥爷在一旁,催促小有吃早餐,随时等着把小有送上车,去学校。

我感觉这样不行,私下和我爸妈说:"小有的书包,让他自己收拾吧,这是他自己的责任,不能把它变成我们的事情。我们无须担心他会忘记带某样东西,也不用担心他上学迟到。让他吃点苦头,有了教训,他才会对自己的事情在乎。"我爸妈听后,觉得我的建议有一定的道理,他们开始逐渐对小有放手。

小有还有一个问题，就是写作业拖拉，回家放下书包，就窝在沙发上看动画片，直到睡觉前，才开始匆忙赶作业。有时，学校留的作业多，他困得不行，作业还没写完。看着他因为困倦而挣扎地完成作业，我故意表现得很轻松，对他说："小有，作业写不完就算了，先去睡觉吧。"

小有看我不把他完成作业当回事，反倒说："那可不行，作业没写完，老师会批评我的。"说完，他继续坚持把作业做完。我的这种"不在意"的态度，让他意识到写作业是他自己的责任，需要他自己去承担。

还有一件事，那是小有上高中时，因为家离学校比较远，我和同小区一个女孩的家长商量，既然他俩同班，我们决定用一辆车送两个孩子一起去学校，一家送一天。这样既能节省时间，又能节约费用。女孩家长欣然接受了我的提议。

然而，这个计划只执行了两天就出现了问题，小有连续两天都比约定的时间晚了几分钟出来，而且还不慌不忙地上车。虽然晚几分钟出发不会导致他们迟到，但那个女孩时间观念非常强，她不能容忍小有这种不以为然的态度。

事情发生后，我并没有责怪小有。我想既然女孩不愿意继续拼车，那我就继续让司机每天接送小有上下学。

我知道，很多家长可能会觉得我这种做法是在纵容孩子。但我认为，如果因为小有的一些小毛病就不断地唠叨和指责，他可能会变得叛逆，或者选择性地关闭耳朵。我不想让家庭氛围变得不和谐。如果亲子关系不好，即使家长说得再有道理，有再好的教育方法，在孩子身上也不会起作用。

另外，我们有时难以接受某件事，不是因为其存在问题，而是它与我们心中的预期不符。就像孩子做事喜欢慢慢来，他也能把事情做好。他的这个行为，只能代表他是个"慢性子"的人。作为父母，我们应当尊重并理解这种差异。

孩子并非我们的复制品，他们并不需要成为跟我们完全一样的人。每个孩子都有其独特的性格和节奏，他们只需成为最好的自己。

同时，我们还要清醒地认识到，孩子的"慢性子"有时缘于我们的过度干预。比如，孩子做事做了一半，我们觉得太慢，看不下去，就抢过来帮孩子做完。这样，孩子做事只会更拖拉，因为他知道家长比他更急、更在乎，做不完，家长肯定会帮忙，慢慢就产生了依赖和推卸责任的心理。他们会想：既然如此，我索性就慢慢做吧。

因此，我们要学会适时放手，让孩子独自去体会和承担拖拉的后果。只有当他们真正明白拖拉给自己带来的不良后果，才会意识到事情与自己有关，才会有动力改变拖拉的习惯。

慢性子 ≠ 拖延症

事实上，很多孩子做事慢，并不意味着他们一定是"慢性子"，也有可能是"拖延症"。这两者之间的区别至关重要，我们要清晰分辨。

"慢性子"是天性使然，表现为做什么事情都慢悠悠的。这就好比，有的人生来风风火火，急急忙忙，干什么事情都非常着急，而有的人就喜欢慢慢地做事情，只要在有效时间内，把事情完成就可以。

对于"慢性子"的孩子，我们应学会尊重与理解。孩子的成长有其自身的节奏，过度的催促只会让他们感到焦虑与不安。只要他的"慢性子"没有对生活造成困扰，就可以不干预。

而且，这种慢性子，自知做事慢，通常会早些开工，绝不会拖拉，导致无法交差。不论是和别人约好吃饭，还是赶火车，每次都会提前收拾妥当，早早出发。所以，即便他是个慢性子，仍然只会早到，从不迟到。

他们对自己的能力，有清醒的认识，会提前准备充分，按照约定的时间，把工作完成，不给别人留下负面印象。

有个词叫"忙中出错"，意思是说，做事情太快，你的准确性与质量便有可能会降低。这是性子急的人容易存在的弱点。这么看来，天生"慢性子"，反而成了难得的优势。正所谓"慢工出细活"，做事情不如别人快，没有关系，力所能及地做到完美，也不失为一个好的选择。

这类慢性子的孩子，不管别人如何评价，只会按照自己习惯的方式生活。他们不会在意别人的评价，因为他们本来就是这么慢的人。

作为父母，我们要知道，行动慢，是孩子成长过程中的一个自然阶段。不能因为孩子年幼行动慢，我们就一直不停地催促他们。过度的催促只会让孩子在嘈杂和紧张的环境中，产生急躁心情，可能导致他们的思维变得混乱，反而影响他们的行动效率。

我们不能强迫孩子与自己的节奏保持一致，这样只会让他们感到痛苦和束缚。相反，我们应该允许孩子按照自己的步调慢慢成长，给予他们足够的空间和时间去探索、去尝试、去犯错。

最后，我想说，真正的聪明人，往往都是"慢性子"。因为他们知道，人生路上慢一点，是一种智慧、一种豁达、一种从容。他们能够在慢中思考、在慢中品味、在慢中积累。

当然，如果极度散漫，会导致做事不分轻重缓急，这个时候就需要适当引导，让他看到因为他的"慢"，造成不好的后果，吸取教训，逐步改变。

心理学认为，拖延症是在能预料后果有害的情况下，仍然把计划要做的事情往后推的一种行为。"拖延症"不分年龄，每个人或多或少都会受其困扰。

有拖延症的孩子，也表现出缓慢的行为，并且，心理是纠结、沮丧和挫败的。这种"慢"并非孩子本身的性格，很多事情表现得慢，只是因为孩子不想做而拖延。

为了帮助大家更深入地理解拖延，并找到有效的解决方法，我将从以下几个方面进行分析：

❶ 拖延，是一种畏难情绪

当孩子面对某项任务感到畏惧或没有掌控感时，他们往往会选择用"延后处理"的方式来逃避。比如，学习成绩不好的孩子，对"完成作业"这件事，会有畏难情绪。孩子知道这件事必须做，但又不情愿去做，他们的内心是痛苦的、纠结的。

这个时候，我们需要知道，孩子畏难，到底是哪些内容没有掌握？是上课没有认真听讲，还是有其他原因？分析原因后，再和他们一起解决。同时，要教会孩子如何分解任务，设定阶段性目标，每完成一小步就给予肯定和鼓励，让孩子在成就感中逐渐克服畏难情绪。同时，要允许孩子犯错，让孩子明白：犯错正是学习和成长的机会，让孩子有勇气去面对新挑战，尝试新事物。

❷ 拖延，体现出孩子自控力差

孩子处于充满诱惑的环境，总被很多充满吸引力的事物所包围。自控力较弱时，很难抵抗住诱惑。孩子放学回家，不马上写作业，先玩游戏或者看电视，一直熬到睡觉前，才想起要写作业。

这个时候，父母可以与孩子一起制订计划，明确目标，要求孩子做事的时候，排除干扰，保持专注力。

同时，父母要做出榜样。比如，孩子写作业的时候，如果你能在一旁安静地阅读，他就会更加专注。

❸ 拖延，源于孩子的完美主义

孩子想得很多，总希望事情做得完美，实操起来，又觉得自己做不到，所以非常焦虑，迟迟不能开始行动，一想到那么"艰巨"的任务，就会下意识地逃避。

拖延的人最缺乏的，就是一开始的启动力量。我们需要先开始，不要在细节上过多纠结，在做的过程中，再不断打磨。

父母应鼓励他们先迈出第一步，然后在过程中不断完善。同时，要教会孩子如何接受不完美，告诉孩子：完成比完美更重要。

④ 拖延，父母过度包办的后果

在不少家庭中，父母过度包办孩子的一切，孩子衣来伸手、饭来张口，父母每天看着孩子写作业，作业写完，父母负责检查。久而久之，这种"全方位服务"会让孩子产生严重的依赖心理。当孩子面对需要独立完成的任务时，他们往往会显得手足无措，甚至拖延至最后一刻才开始行动。

父母不要总觉得孩子小，什么事都不懂，孩子该承担的，就让他们承担，逐步增加他们独立面对和解决问题的机会。同时，父母要传递给孩子一种"你长大了，可以自己做更多事情"的积极信号，让孩子感受到成长的喜悦和责任。

此外，父母还需要调整自己的心态和期望，不要过于追求完美，而是要学会欣赏孩子的努力和进步。当孩子取得一点小成就时，父母要及时给予鼓励和赞扬，如"你可以快起来""你今天完成作业的时间比以往快了很多"这样的正向反馈，能够增强孩子的自信心和动力，帮助他们更好地克服拖延症。

"强迫行为"的孩子，对美有极致追求

你是否注意到，你的孩子有时会表现出一些特殊的"强迫行为"？比如，他们可能会用脚反复踢小石子，频繁洗手，检查门锁，做完作业反复检查，家里的物品必须摆放整齐，等等。这些行为，虽然看似琐碎，但背后可能隐藏着孩子对美的极致追求和对良好秩序的渴望。

"强迫行为"指的是孩子明知某些行为不必要，但无法控制自己反复进行的冲动。这种行为的根源往往在于焦虑。当孩子感到不安、紧张或担心时，他们可能会通过这些行为来寻求一种心理上的安慰和满足。这些行为虽然可以暂时缓解他们的焦虑，但长此以往，很可能会对孩子的心理健康产生负面影响。

面对孩子的"强迫行为"，作为父母，我们首先要做的是理解和接纳。不

要过度关注或反复提及孩子的这些"症状",更不要斥责他们。相反,我们应该深入了解孩子行为背后的情绪和感受,帮助他们找到更有效的缓解焦虑的方法。

接纳孩子的"强迫行为",它源于过度追求完美

处女座,一直被大家认为是"强迫行为"的典型代表,小有正好印证了这一点。处女座的小有,似乎天然地带有一种对完美的追求,这种特质在他的生活中随处可见,他总是反复确认家里和办公室的门,以及他的车是否锁好。每次出门,他都像念咒语一样念叨"手机、钱包、钥匙,手机、钱包、钥匙……",以此提醒自己,不要忘记带这三样重要的东西。

他的强迫行为,在新房装修过程中也得到了体现。小有从费城来到加州创业,很快买了他人生中的第一套别墅。这是一个老房子,需要重新翻修。在美国装修一套别墅,确实是一项艰巨的任务。

装修公司的费用不仅贵,且工期冗长,往往需要耗时将近一年的时间。

装修过程中涉及房屋结构、电力、水管道、冷暖气等关键部位的改动,都需要经过严格的审批程序,并由持有执照的工人进行施工。

一个只有20多岁,之前从未有过装修经验,也不懂得美国装修规定的小有,却担起了在美国装修房屋这件大事。这期间,他自然踩了不少坑,把自己搞得心力交瘁。

小有先是把装修工程给了一个山东小伙,并给了他足够信任,没想到他的活儿实在干得太粗糙。小有一气之下,把已经装修完的部分全部推倒重来,自己因此损失了上万美金。

之后,小有重新找了美国的装修公司,品质明显有了提升。但相对于小有的高品质要求,美国师傅的装修,仍然让小有看到了很多不完美的地方。

比如,小有要求家里的每条线,包括安装的开关,横竖都要对齐,不能有分毫误差。为了保持家里的清爽,小有对家里物品的颜色控制在2～3个,

而且他不会在家里乱添置一件多余的物品。

小有的这种"强迫行为"，也在他的创业中体现出来。他会花很长时间，就为了修出一张完美的宣传图；他会用极其苛刻的标准，来看待他的品牌。无论是产品的设计，还是制作，哪怕有一点儿不完美，他都不会放过。

面对小有的"强迫行为"，我从未对他有抱怨。而且，在我公司的 logo 设计、产品外观设计，以及办公室装修等方面，我总是乐于让小有给些意见，每次我都很佩服他的眼光和见解。我意识到，"强迫行为"给小有带来的益处，远远大于不好的地方。

比如，他对美有极致的追求。他虽未受过专业的绘画训练，但每次提笔就能画出特别有美感、有想象力的画。所以，他创业做服装品牌公司，自己就是最好的设计师、最好的产品经理。他的追求完美，让"MEAT"在众多品牌中脱颖而出。

我并不认为，小有的"强迫行为"对他是件坏事。这样的"强迫行为"我也有。比如，我对厨房的整洁要求比较高、对文字排版比较讲究、家里的东西一定要摆正、衣服上的商标必须第一时间全部剪掉，等等。

我们的"强迫行为"，只是对所有事情要求完美，并没有影响和伤害到其他人，反而在某种程度上让我们的生活更加有序和美好，所以，完全可以将这种"小偏执"视为一种独特的个人特质，无须刻意改变。

有时，我甚至觉得，这种"强迫行为"是我们对生活掌控感的一种追求，它让我们的生活更加充满仪式感，更加有趣味性。这么想想，我还挺为儿子和我的这个"强迫行为"，感到骄傲呢。

父母应珍视孩子与生俱来的天赋。比如，我儿子的"强迫行为"和"完美主义"，这些特质总是让他所做的事情显得"超凡脱俗"。

面对孩子身上的这些特质，我们不必过于纠结或与之对抗。相反，我们应该顺其自然，因势利导。只要这些特质没有给他带来痛苦，没有影响到他的日常生活，那么，它们不仅不是问题，反而可能成为他超越他人的独特优势。

当然，我也会与小有分享一些理念。我会告诉他，要理性客观地看待自己，努力理解并接受不完美。当他发现自己苛求完美时，我会提醒他，完美是相对的，重要的是学会接纳自己的不完美，欣赏真实的自己，这样才能形成良好的自我认同。

运用"金子思维"，摆脱过度追求完美

提及过度追求完美，就不能不提完美强迫行为。

"完美强迫行为"，顾名思义，是指凡事都追求完美，达到"非常态"的程度，反复做一些简单的动作，明知没必要，但无法控制，只为达到自己心目中的完美状态。

追求完美本身没有错，但凡事有度，过犹不及。如果过度追求完美，就很容易陷入强迫行为模式中。成长不是彻底改变自己，而是不断完善自己。所以，在接纳和欣赏小有完美主义倾向的同时，我和小有都意识到，过度关注细节，可能阻碍我们实现更远大的目标。因此，我们需要学会在追求完美和把握大局之间找到平衡。

在生活和事业中，每当遇到重要抉择，我和小有都会运用"金子思维"来指导我们的决策。这种思维让我们时刻警惕，避免在过度关注细节的过程中，忽视了真正具有重大意义和影响全局的事情。换句话说，我们必须保持清醒的头脑，确保不会因小失大，"捡了芝麻，丢了西瓜"。

"金子思维"的核心在于，人生就像淘金的过程，我们应当直接聚焦于那些闪耀的金子，那些重要且具有深远影响的事情，而非徒劳地过滤沙子，试图通过排除琐事来寻找金子。

以淘金为例，有两种做法：一种是将金矿沙摊到地上，在太阳光下，把里面闪光的金子颗粒挑出来。另一种则是将沙子筛去，留下纯净的金子。

虽然从理论上看，挑出金子和过滤掉沙子，是一回事，但实际上却有着明显的差异。第一种做法，有个致命的缺陷，就是你要把几个大个头的金子

挑出来不难，但很多细小的金子，会由于不容易被发现，而被浪费掉。因此，采矿的人，更多地采用第二种方法，把沙子过滤掉，把金子剩下来。

淘出金子和滤掉沙子，实际上反映了两种截然不同的人生哲学和做事方式。在生活中，滤沙子的人更多一些，因为他们害怕错失任何一次机会，因此不敢放过任何一个细节。然而，这种做法往往让他们疲于奔命，无法集中精力去做好真正重要的事情。

相反，那些能够成就大事的人，往往采用"淘金子"的方式。他们懂得如何直接寻找并抓住那些真正具有影响力的机会，将有限的时间和精力，投入到最有价值的事情上。通过降低做事数量，提高做事质量和影响力，达到事半功倍的效果。

这同样适用于我们的人际交往。我们无须追求与所有人建立联系，也不必刻意结交每一位朋友。关键在于找到那些真正与我们心灵相通、价值观契合的人，与他们建立起深厚而真挚的友谊和合作关系，就已经足够了。

另外，完美主义还常常导致"被动拖延"，因为追求完美往往与效率产生直接冲突。我和小有经常相互提醒，"凡事先完成再完美"。完美的目标，是每个人都想实现的。但是，一步登天，一定非常难以实现。我们不如退而求其次，用无数个"完成"，慢慢接近"完美"。

要知道，每个"完成"都是向"完美"迈进的一步，是累积经验和提升能力的过程。如果我们总是等待所有条件都完美无缺再行动，那么很可能会错失良机。

强迫行为 ≠ 强迫症

在日常生活中，很多人说自己有"强迫症"，比如，出门前要确认一下门有没有关，家里地上不能有一根头发，所有物品必须分类摆好，等等。实际上，这些只是"强迫行为"，或者叫"强迫现象"，而非真正的"强迫症"。

他们的这种行为，是通过反复检查、确认，为了达到一种心安，或追求完美的状态，更多地反映了一个人的焦虑情绪，但并不构成强迫症。这种行为通常不会带来过度的痛苦，也不会严重影响生活和工作。对于一般的强迫行为，我们不需要过分紧张，随着年龄的增长，它们往往会自然消失。我们可以通过正面的心理暗示，减少负面看法，并尝试改变过于死板、钻牛角尖的做事方法。

说完了"强迫行为"，接下来，我们就说下"强迫症"。

有的孩子，除了强迫行为外，还常伴有其他强迫性症状，如强迫意向、强迫观念、强迫情绪、强迫思维等，这就要引起家长的重视。其中，强迫思维，是指反复地思虑、查证、辨析，孩子可能陷入一个无法自拔的循环中，试图找到一个完美的、毫无瑕疵的答案。这种不断重复的思维过程，不仅耗费了孩子大量的时间和精力，而且可能带来深深的焦虑和痛苦。

强迫症，是焦虑障碍的一种类型。其核心特征是有意识地强迫和反强迫并存。这意味着，孩子虽然深知某种想法或行为是毫无意义，或违背自己意愿的，但无法控制它们反复出现在自己的脑海中，甚至驱使自己进行某些特定的行为。这种强烈的内心冲突，使得孩子感受到巨大的焦虑和痛苦。

此外，判断一个孩子是否患有"强迫症"，关键在于观察其痛苦程度和对生活的影响程度。普通的担忧，如摸了脏东西想洗手，或出门时担心没锁门，这些都属于正常的心理反应，不会对孩子的生活造成太大的影响。然而，当这些担忧和行为变得过度频繁、强烈，并开始严重影响孩子的学习和人际交往时，就需要引起家长的警惕了。

谨慎地检查一遍电器是否关闭，是日常生活中的正常行为；若反复检查50遍，很有可能是强迫症，这时我们需要向专业的心理咨询师，或者精神科医生求助。

然而，强迫症并非全然负面。以乔布斯为例，他的"强迫症"特质，使他追求极致的完美，带领苹果公司取得了辉煌成就，使之成为21世纪最有创意和最成功的公司之一。同样，经营之神稻盛和夫，也把"完美主义"作为至高无上的信条，并取得了巨大成功。

因此，对于真正的"强迫症"患者，最重要的是从心理上正视它，学会放松并接纳自己。顺其自然地看待这个尚未解开的心结，避免沉溺于那些无意义的过度思考，试着将注意力从自我纠结中转移出来。每当思绪纷乱时，保持乐观和积极，用微笑和开放的心态面对生活的每一个挑战。这样，我们不仅能更好地管理强迫症，还能发掘出其中蕴含的潜能，实现个人的成长和成功。

爱折腾的孩子，藏着一颗求索的心

在教育孩子的过程中，许多家长可能都曾遇到过这样的挑战：孩子似乎总是容易放弃，难以持之以恒地完成某件事。面对这样的困境，家长应避免以下两种情况：

首先，轻易给孩子贴上"没常性"的标签

孩子的内心非常敏感，他们会认真倾听并内化父母对他们的评价。一旦孩子接收到"没常性"这样的负面标签，他们可能会逐渐认同这一形象，进而削弱他们的自信心和自我价值感。

其次，采用严苛的教育方式强迫孩子坚持

虽然强迫可能让孩子在表面上看起来更加专注和坚持，但这种方式往往是以牺牲孩子的心理健康为代价的。被严苛教育逼迫出来的孩子，即使成了学霸，或在某个专业领域成了名人，他们也不会幸福，心理甚至可能变得不健康。比如，过度自我苛责，变得抑郁和焦虑，甚至可能导致孩子对父母产生长久的怨恨。

实际上，孩子的"折腾"行为，正是他们探索世界、认知世界的独特方式。作为父母，我们应该给予孩子足够的空间和支持，让他们尽情地折腾，满足他们对世界的好奇心。当我们以爱和自由的态度去接纳和支持孩子时，他们会更加勇敢地尝试新事物，更加坚定地朝着自己的目标前进。

最终，我们相信，在爱和自由的环境中长大的孩子，将拥有更强大的内心和更幸福的人生。这不仅是孩子所追求的，更是我们作为父母所期待的。

爱折腾，才能找到真正的热爱

人生就是一场不断探索和折腾的旅程，正是这些经历让我们发现真正的热爱。

我和儿子小有都是非常爱折腾的人。小有小时候，看了动画片《灌篮高手》，就想学篮球；看了《网球王子》，就想学网球；看到摇滚歌手弹吉他唱歌很酷，就想学吉他。哪样都是抱着十分的热情去学，但这种热情，像一阵风，一下子就过去了。

面对这种情况，我和小有爸爸从不纠结，更不会强迫小有坚持到底。因为我们知道，每个人都可能有冲动学点什么，真正长期坚持下来的事情，并不会很多。

像我自己，两年前，我热衷于"教练技术"的学习，非常痴迷地学了整一年，起早贪黑地上课、兴致勃勃地和同学做练习，还立志将其作为我人生下半场的事业。

然而，一年后，我的热情逐渐消退，原本设定的长远目标也未能实现。每当回想起这段经历，内心会有点小遗憾，但我不会责备自己，我坚信，自己依然是一个坚韧且自律的人。

我虽然仅坚持了一年"教练技术"的学习，但是获得了极大的收益。我逐渐学会关注自我，深入觉察内心的声音，这一过程中，我的情绪管理能力得到了明显提升。更重要的是，我学会了以更宽容和欣赏的视角，去审视他人的生活与选择。

除了"教练技术"的学习，我的英语学习也时断时续。尽管我并未取得根本性突破，但正是这些看似没有成果的尝试，让我比一般人的英语能力还强一些。即使我说的每句英文可能都有错误，我也从不惧怕与老外沟通，更不担心在美国的生活适应问题。

我和儿子都是爱折腾的人，正因为这样，我们才能真正找到自己的热爱。

接下来，我想分享几点关于孩子"爱折腾"的见解。

❶ "爱折腾"其实是一种探索

因为爱折腾本质上就是一种探索，它让孩子在不断的尝试和折腾中，拓宽视野，积累丰富的体验。这些经历，能够激发孩子对新事物的好奇心，还能培养他们的探索精神，使他们更加勇敢地面对未知。

以我儿子小有为例，他曾经尝试过画画，虽然没有选择将其作为专业，但画画却成了他一生的爱好。每当他感到压力或疲惫时，随手画上一幅小画，就成了他最好的减压和休闲的方式。

因此，作为父母，我们需要明白，孩子爱折腾并不是坏事。当我们意识到这一点，给予他们足够的支持和鼓励时，孩子才有可能从尝试的几件，甚至几十件事情中，找到他们真正的热爱。

❷ 只有探索才会找到自己真正的热爱

孩子内心的真正热爱，是他们成长道路上最强大的内驱力。当父母的期望与孩子的爱好发生冲突时，我们应坚定地尊重孩子的选择，赋予他们更多的自主决策权，鼓励他们勇敢地去尝试自己热爱的事情。

在孩子成长的早期阶段，他们很难立即找到自己的准确定位和擅长做的事情。因此，作为父母，我们的责任是引导他们保持对未知领域的好奇心，鼓励他们勇于"折腾"，大胆探索。这样的过程，才能让他们对世界建立起足够的认知。

当某一天，孩子在某一领域获得了价值感，找到了自己的动力源泉，他们便会从内心深处热爱这件事。当这份热爱与他们的天赋相结合时，他们便有可能成为该领域的佼佼者。

以我儿子小有为例，他从高中开始便对健身产生了浓厚的兴趣，这种看似很枯燥的事情，小有坚持了十多年。这份坚持并非源于他的自律或咬牙忍耐，而是因为他通过健身塑造了好身材，赢得了周围人的羡慕和赞美，从中获得了巨大的正反馈，他才愿意在健身这件事情上付出更多，并将这份热爱延续至今。

直到现在，小有不仅保持着规律的健身习惯，还将这份热爱与自己的创业结合起来，创办了一家专注于健身人群的运动服饰品牌公司。

❸ 避免给孩子贴标签

家长不应因为孩子今天喜欢这个，明天喜欢那个，而责怪他们，更不要因此给孩子贴上"做事没常性"的标签。

"没常性"，其实正是孩子的一个突出特点。这是因为，他们对周围的一切充满好奇心，想要去尝试和探索。孩子不会因为某样东西的价值高低而做出取舍，对他们而言，只要是新鲜的、有趣的，都容易引起他们的兴趣。

❹ 尊重孩子的意愿

一些父母可能会采取强硬手段，逼迫孩子必须做某件事，他们会说："钢琴都给你买回来了，老师的学费也交了，你绝不可以浪费我们的钱，不准半途而废。"

但我们必须认识到，这种做法是不明智的。孩子在这个阶段，还没有形成稳固的个性和判断力，他们可能在学习过程中，突然发现自己并不喜欢某项活动。

对于年幼的孩子而言，他们对世界的探索是永无止境的。他们不断地产生兴趣，又不断地改变兴趣，这是他们成长的自然过程。正是这种不断尝试和变化，让孩子的性格逐渐成熟，让他们逐渐发现最适合自己的事情和兴趣。

当然，我们所说的"折腾"，并非漫无目的地瞎折腾。相反，它是指在孩子的探索过程中，鼓励他们大胆尝试，勇于实践，从而获得新的发现，找到新的成长路径。这样的折腾，能够帮助孩子更好地认识自己，发掘自己的潜力，最终成就更加优秀的自己。

如果我们想要摆脱单调重复的生活，追求精彩纷呈的未来，我们必须敢于"折腾"。每一次对现状的跨越，都是一次心灵的洗礼和成长的蜕变。这些不断的折腾和挑战，让我们能够站在更高的起点，窥见成功的曙光。

5 ▶ **与孩子共同面对和解决问题**

孩子在做事的过程中难免会遇到挫折和困难，进而产生畏难情绪，甚至想要放弃。此时，作为家长，我们需要细心观察孩子的行为和情绪，深入了解他们想要放弃的真正原因，是技能上的不足，还是心理上的障碍。

一个有效的方法，是将大任务分解成若干小单元。从最简单、最基础的任务开始，逐步引导孩子完成，逐步建立起他们的自信心。当你帮助孩子迈过这个"坎"时，无形之中，也提升了他们解决问题的能力。

6 ▶ **父母和孩子都要拥有"成长型思维"**

在引导孩子认识自身优势和发展兴趣的同时，我们还应注重培养他们的"成长性思维"。哈佛通识教育体系倡导视野的开阔和多元知识的掌握，鼓励学生不要急于成为专才。

在当今知识跨界融合、快速发展的时代，单纯的专业思维已经难以适应。因此，比深耕某个领域更重要的是，一个人对知识的融会贯通能力，以及他所掌握的"可迁移"能力。

所以，我们应该做的是，对于人生不设限，做事更关注自己是否处在成长的状态，而不是最终的结果。如果你心中有一个想要尝试的念头或梦想，那就勇敢地迈出第一步吧。不去尝试，怎么知道自己喜不喜欢，擅不擅长？

每个人在发现自己独特天赋的过程中，都不是一步到位的，都经过了一些折腾，这些折腾都不是瞎折腾。实际上，正是这些经历，构成了我们成长的阶梯，最终将我们引向心中的目标。

敢于折腾的人生，才会熠熠发光

人生，就是在不断的折腾中遇见更好的自己。我深信，只有敢于折腾的人生，才是真正意义上的充实与精彩。

小有之所以"爱折腾"，或许正是源于他有"能折腾"的爸妈。

我和小有爸爸在大学期间相识相恋，我们俩还搭伙在校园里做起了生意。我们尝试过各种小本生意，卖过早餐，卖过衣服，开过台球厅，针对学生市场，做过好多事情，也赚了些钱。

随着小有的到来，我的人生轨迹再次发生转变。20世纪90年代，25岁的我毅然从国企停薪留职，创办了哈尔滨立人微机学校，担任校长，踏上了教育事业的新征程，赚到了我人生的"第一桶金"。

后来，我有幸被聘为哈尔滨工业大学理学院培训中心副主任，负责理学院本科生、硕士生的上机任务。此外，我还主导了与哈尔滨劳动局的合作，在培训中心承担起工程师评定中的计算机资格认证的学习和考试工作。

小有爸爸在博士毕业后选择留在母校哈尔滨工业大学任教。同时，他还给一些企业做项目。很难想象，这么一个年轻教师，就掌管了百万课题经费。

在他人看来，我们已经取得了令人羡慕的成就，生活稳定且优越。可是，我们却陷入了忧虑中。

1998年，已是改革开放20年，全国各地到处一派欣欣向荣的发展景象，涌现出华为、海尔这样的优秀企业。

而我们生活在最北方的城市，远离那些经济发达的地区，无法切身感受到经济脉搏的跳动。我们的活动半径，只有高校一个地方，我和小有爸爸的工作地点、小有的幼儿园、我们的家，都在哈工大校园里。

这种稳定的生活状态，让我们感到越来越不安。小有爸爸对我说："人生不能一眼就望见终点，我们要走出东北。"就这样，经过深思熟虑和一番联络，小有爸爸决定进入许继集团博士后工作站工作，增加他在企业工作的经历。

1998年7月，我们一家三口坐上火车，从哈尔滨来到地处中原的小城许昌。八年后，小有爸爸依然留在许继集团，担任许继集团副总裁的职务。

2005 年，北大国发院 EMBA 毕业的我，辞去许继电气综合管理处处长职务，带着小有来到北京，开启了我在北京的创业。

再后来，小有爸爸在华东几个城市都工作过，我也把公司机构辐射到了华东。小有更是远赴美国求学、工作、创业。

对于小有来说，他从幼儿园到小学、中学、大学，都在不同的城市和国家，搬家、转学，这个折腾的过程，对小有既是一次次的挑战，也是他成长的阶梯。

这段经历，对小有产生了深远的影响，塑造了他对稳定生活的独特态度。他并不追求安逸和固定，反而热衷于探索和体验。如今，即使在美国稳定地工作和生活，他仍希望有更多国家的生活体验。

小有说："刚到一个陌生的国家，谁也不认识，哪儿都不知道，起初总会感到陌生和紧张。但慢慢地，我会结识新的朋友，知道很多事，去很多地方，逐渐融入新的环境。这种不断变化的体验和感受，我特别喜欢。"

如今，小有已经有了自己的宝宝，他常和我说，在他的规划中，希望能去法国南部生活一段时间。那里的万种风情，不仅能让他的品牌获得更大的突破，更能为他的生活注入更多的激情与活力。等到宝宝再大一点，他还打算带着孩子去英国生活，让孩子接受英式教育和文化的熏陶。

小有的人生充满了无限的可能性，他从不被传统的框架所束缚。他也不会像有些人，把拿到美国国籍，在美国有个大房子，作为人生的终极目标。

对于爱折腾的人来说，他们的内心充满了能量。无论面对多大的问题和困难，他们总能找到解决的方法，勇敢地迎难而上。他们是鲜活的，从不惧怕各种"不确定性"，喜欢尝试各种新鲜事物。他们的存在，就像是一股清流，不断地冲刷着这个世界的单调与乏味。

能折腾，拥有敢于重新出发的勇气

我坚信，那些敢于折腾、不断尝试的人，都拥有重新出发的坚定勇气。

我想分享我儿子从拍卖行到创业的故事。

2015 年 7 月，小有大学毕业，被有着 250 多年历史的弗里曼拍卖行破格录用，进入最有前景的亚洲艺术部门工作。他凭借对中国文化的深刻理解和在美国的教育背景，迅速崭露头角。

在拍卖行工作的两年里，他受到了主管和老板的器重。老板给了他在拍卖行各个岗位工作的机会，图文编辑、市场宣传、分析鉴定等。每当拍卖行举办拍卖活动，小有总是被选为参展代表，他的大照片印在精美的拍卖图册上，这些图册成了我家中的珍贵收藏，我为儿子感到骄傲。

同时，拍卖行的这份工作，让他有机会认识很多"非富即贵"的名人，而且他总是能受到很多前辈的赏识。2016 年 5 月，弗里曼拍卖行在香港举办春拍，小有结识了全球举足轻重的艺术品收藏家张宗宪先生。

十余年来，张宗宪先生一直是苏富比、佳士得两大国际著名拍卖公司在香港拓展市场的主要推动者。只要是张宗宪参加的拍卖，苏富比和佳士得的"一号竞买牌"就是留给他的。他们还专门为张宗宪定制了金色的"一号竞买牌"。

张宗宪先生很少与他人合影，因为他担心有人借此宣扬与他的关系以谋取私利。

在弗里曼拍卖行的香港拍卖会上，小有有幸与张宗宪先生近距离接触，并全程负责张宗宪夫人的电话竞拍，深得张夫人的喜爱。因为有张夫人的提议，才有了小有与张宗宪先生的珍贵合影。

对于许多人而言，拥有一份热爱且能不断自我提升的工作，已属难得。然而，小有自小便受到商业思维的熏陶，心中早已悄然埋下了创业的种子。所以，在弗里曼拍卖行积累两年经验后，他毅然决然地放弃了在拍卖行业那些有预见性的成就，裸辞来到加州，创立了 MH Design Group, LLC，一家运动服饰品牌公司，开启了他的创业之旅。

创业初期，小有是迷茫的。MH 产品上线的第一年，几天才能卖出一单。

找网红带货，无论大网红还是小网红，都不情愿给 MH 产品代言。想找个产品模特和拍照的摄影师，都很不容易。此外，与外包工厂的合作也常出现问题，如尺寸不符、质量瑕疵、发错货或者数量不对等，让他倍感压力。

创业初期遇到的种种难题，让小有开始怀疑自己的决定。他觉得经营公司这么复杂的事，他难以驾驭。他想放弃创业，重新回归拍卖行业，重新找回那份职场的轻松和快乐。

于是，小有向苏富比拍卖行（全球排名第一的拍卖行）递交了个人简历。因为他有弗里曼拍卖行的工作经历，很快获得了苏富比的面试机会。

随着苏富比面试日期的临近，小有内心的纠结和挣扎越发激烈："仅开始不到一年的创业，难道我真的要就此放弃吗？苏富比，那是我长久以来的梦想之地，我到底要不要抓住这次难得的机会呢？"

小有既不想失去这次面试机会，也不想创业半途而废。毕竟，创业的梦想，从小时候就深深扎根在他的心中。每当面临这样的抉择，小有一定会征求我和他爸爸的意见。

爸爸对小有说道："儿子，你不要否定这一年创业经历带给你的价值。如果你继续留在拍卖行，可能只是重复着过去的工作，你也只是又多了一年的工作经历。而在加州这一年里，你做了之前从未做过的事情，获得了前所未有的体验。这些经验，可能暂时还不能转化成你的创业成果。但我相信，它们对你的人生，是一种宝贵的财富。"

小有在征求我们意见时，我和小有爸爸并没有直接替他做选择。我们只是和他一起分析，共同探讨不同选择可能带给他的意义。我们鼓励他深思熟虑，倾听内心的声音，最终由他自己来决定未来的道路。

最终，小有坚定地选择了继续他的创业之路。如今，他的 MH 公司已走过七个春秋，硕果累累，成绩斐然。在这段人生旅程中，他越来越深刻地认识到，走出舒适区，勇于探索和挑战自我，对他的人生而言，有着无法估量的价值。

作为父母，我们始终相信孩子的天赋和潜能。在孩子的人生道路上，我们从不会替他做选择，而是陪伴他，引导他。当他遭遇挫折和迷茫时，我们帮他转换思路，拉长视角，用更长远的眼光看待人生，从而找到新的方向和方法。

我们的责任，是给予他勇气、鼓励和支持，让他在尝试中体验成功的喜悦，并从一个胜利走向另一个胜利。即使不成功，他也能从中汲取经验和教训，获得成长。

因为在我们看来，世上没有白走的路，每一步都算数。只有敢于清零，勇于重新开始，才能发现更多的可能性，激发内在的巨大潜力。

第二章

爱，赋予孩子
"顶撞"的勇气

在孩子成长的路途中，每一步都充满了未知与挑战。当他们与权威和传统产生碰撞时，他们所需要的，远不止一时的勇气，而是那种源自内心深处的、对自我坚守与勇敢发声的强烈渴望。这样的勇气与力量，并非凭空而来，而是根植于一种深厚而坚定的情感之中——那便是爱。

只有在爱的滋养下，孩子才能逐渐积累起足够的自信和安全感，勇敢地挑战那些他们认为不合理的权威与规则，独立思考，最终成为自己命运的主宰。这份爱，绝非无原则地纵容或溺爱，而是一种融合了尊重、理解与支持的深沉情感。

我们常常赞誉"爱是最伟大的教育"，然而，真正的爱究竟是何模样？它又是如何为孩子提供挑战权威所需的勇气与力量呢？这不仅是一个关于情感层面的探讨，更是一个触及教育哲学与策略的深层次话题。

在本章中，我们将深入挖掘真爱的精髓，同时，着重探讨"赏识教育"这一我们推崇的教育理念。赏识教育，如同阳光雨露般滋润着孩子的心灵，为他们的成长之路提供源源不断的养分。

怎样的爱，才是真爱

作为父母，我相信没有人会怀疑自己对孩子的爱。大家都觉得自己很爱孩子，但是为什么我们都那么爱孩子，为孩子付出了那么多，最后，孩子还是有很多心理问题呢？

中国科学院心理研究所发布的《中国国民心理健康发展报告》显示：2020 年，我国青少年抑郁障碍检出率为 24.6%。其中，轻度抑郁为 17.2%、重度抑郁为 7.4%。

在孩子的身上，青少年抑郁症、焦虑症、社交恐惧症、多动症、自闭症等各种心理问题层出不穷。这些心理问题，日益成为家庭、学校、社会的难题。

那么，孩子的心理问题，究竟是如何产生的？是学业压力所致，还是父母在爱的名义下，无意中给孩子带来的伤害造成的？

关于这些问题，我想说，每个有心理问题的孩子，都隐藏着一个"生病"的家庭。

作为孩子，只有当他确信自己时刻被父母爱着，他才会有安全感，获得自我认同感，找到自己的价值感。只有这样，他才能更有信心、勇气和力量，去坚守自己的人生信念，成就更好的自己。

因此，作为父母，爱孩子前首先要搞清楚，什么是"真爱"？

谈到真爱，如果我问父母："你真的爱你的孩子吗？"我想，100% 的父母都会说："这不是废话吗？哪个父母不爱孩子？"

可是，我亲眼看到一些父母，虽然说着爱孩子的话，但是行为上表现出来的，不但不是爱孩子，反而是给孩子带来痛苦，甚至是伤害。这是一个必须直面的事实。

我这么说，并不是毫无根据的。我和小有爸爸在我们住的小区旁的公园里散步，遇到这样两件事，让我非常痛心。

第一件事：爸爸训斥因好奇而乱走的孩子

有一天，晚饭后，天已经很黑了，公园里散步的人很多。远处传来一个男人的吼叫声，在漆黑的夜晚，那个"吼叫声"非常可怕。

走近一看，是一个爸爸正在大声训斥他不足 5 岁的女儿："你不是乱走吗？好，你走吧，我们不要你了！"小女孩一边哭，一边紧紧跟着她的爸爸妈妈。那个爸爸用手狠推那个紧跟着他们、因害怕而抽泣的小女孩，继续对小女孩大吼："别跟着我们！我们不要你了！"

原来，只是因为这个小女孩在和爸爸妈妈走路的时候，可能被什么东西吸引了，停在了某个地方。而这对粗心的爸妈只顾着往前走，没注意到女儿没跟上他们。等到他们想起孩子时，才发现孩子不在身边，就回去找孩子。找到之后，这个爸爸因为女孩乱走，气得发起飙来。

小有爸爸走过去，严厉地对这个爸爸说："你是她爸爸，你不能这么欺负自己的女儿。你这样对她，她长大了，她的同学、老师，她未来的老公、婆婆，都会欺负她的。"

我觉得，小有爸爸说的话很有道理。别人对我们的态度，往往是我们自己无形中"教"给他们的。一个粗暴的家长，可能会让孩子走向两个极端：一方面，孩子可能会模仿家长的粗暴行为，将这种方式延续到下一代，形成恶性循环；另一方面，孩子可能变得胆小、懦弱，容易受到他人的轻视和伤害。这两种结果，都是我们所不愿看到的。

第二件事：孩子骑车摔伤，妈妈却只有指责

那是一个夏日周末的午后，我和小有爸爸在公园里赏花观景。突然，一个十二岁左右的男孩骑着单车从我们身旁飞驰而过。由于是下坡，男孩的车速很快，他被甩了出去。他的脸紧贴着地面，一颗大门牙被磕掉了一半，嘴唇也被牙齿咬裂了，流出很多血。

我和小有爸爸立刻上前，将男孩扶起，并安置在附近的石凳上。我给他递上手帕纸，让他按住正在流血的嘴唇。真的好心疼他啊，我用手轻轻抚摸着他的头和背，给他以安抚。

男孩戴着一只能打电话的手表，我赶紧让他联系妈妈。电话接通，男孩呜呜噜噜地说："妈妈，我在公园里骑车摔了，嘴出血了。"我心想："妈妈听到儿子受伤的消息，此时一定非常焦急吧？"

没想到，电话里的妈妈，不仅没问一句孩子的受伤情况，还大骂起他的孩子。那骂声从手机听筒里传出，震耳欲聋。我气得发抖，夺过男孩的手机，对电话里的妈妈说："你的儿子受伤了，他很痛的，你不要再骂他了，赶紧过来吧！"

没多大工夫，那个妈妈来了，见到儿子还是不停地骂，好像根本不在意她儿子摔伤这件事，更是完全忽略了我们两个"爱管闲事"的人。我和小有爸爸很无奈，默默走开了。

我至今都想不明白，孩子骑车摔了，犯了什么错？让那位母亲如此抓狂，失去理智！

在我看来，孩子就是父母的"复印件"。不管是你的好行为，还是你的坏行为，孩子都会看到，并且"复制"你的行为模式。所以，父母快乐，孩子也快乐；父母烦躁，孩子也烦躁；父母暴戾，孩子也暴戾。

举个例子，如果一个孩子在成长过程中，目睹了父亲的凶暴和对自己的暴力行为，这种记忆往往会深深地根植在他的心中，等到他自己成为父亲的那一天，也会在无意中复制父亲曾经的行为模式，成为一个脾气暴躁、容易动怒的父亲。这种代际间的恶性循环，不仅影响了孩子的人生轨迹，而且让家庭的幸福蒙上了一层阴影。

因此，尊重孩子，不仅是爱的体现，更是教育的基石。尊重，意味着将孩子视为一个独立、平等的个体，他们的感受、想法和选择，都值得被认真对待。

那么，为何有些父母会忽视对孩子的尊重呢？这背后有多重原因值得探讨。

首先，传统观念的束缚，是一个不可忽视的因素

在某些家庭中，父母深受传统观念的影响，认为孩子是从自己身上掉下来的肉，是自己生的养的，从而错误地将孩子视为自己的一部分，而不是一个独立的个体。

在这种观念的驱使下，他们可能会以爱之名，肆意指挥和强迫孩子按照自己的意愿去成长，忽视了孩子作为一个独立个体应有的思想和人格，以及他们自身的需求和主见。

其次，情绪管理能力的欠缺，也是导致父母不尊重孩子的一个重要原因

当父母无法妥善管理自己的情绪时，他们往往会将负面情绪发泄到孩子身上，让孩子成为自己情绪的牺牲品。

这类父母，可能会无缘无故地发脾气，大吼大叫，让孩子时刻处于紧张和恐惧之中。同时，他们还可能对孩子百般挑剔，总是觉得孩子不够完美，从而让孩子在成长过程中缺乏安全感和价值感，对他们的心理健康造成负面影响。

然而，我们必须明白，仁爱产生仁爱，野蛮产生野蛮。孩子是家庭的未来，更是家庭的一面镜子。他们的行为、情感和态度，往往反映了家庭教育的成果。

因此，尊重孩子是父母必须遵循的原则，更是赢得孩子尊重的关键。只有当父母真正尊重孩子，孩子才能在潜移默化中学会尊重他人，形成健全的人格和健康的心理。

溺爱，不是爱

谈及"爱"，我们常常不可避免地联想到与之相关的另一个词：溺爱。但我想强调的是，"爱"和"溺爱"之间，有着天壤之别。

溺爱，常常以爱的名义出现，实际上是对孩子生活的过度干涉和控制。它的两大显著标志是：

第一，溺爱表现为父母过度替代孩子的行为

比如，当孩子已经具备自己穿衣、吃饭的能力时，父母却仍然代劳，剥夺了孩子独立探索和实践的机会，这种爱，限制了孩子的自由意志和成长空间，并非真正的爱。

第二，溺爱体现在对孩子需求的过度满足上

无论孩子提出何种要求，父母都无条件地满足，这种做法往往培养出任性、依赖性强且责任感匮乏的孩子。实际上，这种溺爱源于父母内心对爱的渴望与不安全感，他们试图通过放纵孩子来满足自己内在缺爱的"小孩"，而非关注孩子内心真正的需求。

那些"溺爱"的家长，往往忽视了孩子的真实需求，他们给予的并非真正的爱。真正的爱，是建立在尊重、信任与理解之上的。它要求父母深入了解孩子的感受与需求，与孩子共同面对挑战，共同承担后果。在这种爱的环境中，孩子得以自由成长，塑造出独立的思想和欢愉的灵魂。

爱，是一种双方共同成长的历程，亲子双方都能从中汲取力量。在真正的爱的滋养下，孩子会更有勇气去尝试未知，更容易找到自我发展的方向和目标。他们的情绪会被父母接纳并妥善处理，从而培养出真正的自信与自我价值感。

因此，"溺爱"看上去好像是爱太多，其实是爱不够。它往往局限于满足孩子物质层面的需求，确保他们饿不着、冻不着、累不着，却忽略了孩子内心世界的成长与愉悦。

真正的爱，应当超越物质的界限，深入到孩子的能力培养和思维拓展之中。父母应当调整关注点，从单纯照料孩子的日常生活，转向培育他们的能力和思想上。这样的爱，不仅滋养了孩子的身体，而且滋养了他们的心灵，助力他们茁壮成长。

我身边就有个亲戚的实例，让我深感教育之重要。她的儿子30多岁，但妈妈依然每天为他做好早饭，并装好午餐饭盒。我和他们一起吃饭时，看到这个妈妈不住地把肉菜夹到儿子碗里，儿子说吃饱了，妈妈还要劝他再多吃点。此外，妈妈还会整天操心儿子穿没穿秋裤，她会陪儿子去商店，帮他挑选衣服。妈妈所有的努力，都是为了攒钱给儿子办婚礼。

然而，当我问这个妈妈："你儿子工作怎么样啊？"这位妈妈说："我不知道儿子在哪家公司上班，也不知道他做什么工作。我问他，他也不和我说。我只管把儿子的生活照顾好，让他能早点找个对象，然后结婚生子。"

这种教育，无疑等于父母一步步把孩子养成了"巨婴"，一个"无用之人"。孩子生活能力差，工作不上进，缺乏主见。更糟糕的是，他们为孩子付出了很多，得到的却是孩子的疏远和冷漠。

这让很想和孩子紧密绑定的父母，感到很伤心、失落。毕竟自己一手带大的孩子，为他遮风挡雨这么多年，宁愿自己吃苦、委屈，也要满足孩子的一切需求，给孩子吃好的、穿好的。到头来，孩子却被养成"白眼狼"，不懂感恩，甚至都懒得和父母说话。

因此，我们需要知道的是，父母对孩子的爱，不是简单地关心和照顾，也不是单纯地给予和付出，而是要让这份"爱"在彼此之间流动起来。

许多父母常对孩子说："我都是为了你好。"但这样的言辞，往往只是父母的自我感动，他们沉浸在这种伟大的"牺牲感"里，自然无法看见孩子对独立和尊重的渴望，还会让孩子心生愧疚，备感压力。

可见，比起优渥的生活，孩子更渴望与父母有更多情感的连接。孩子更想要的是，父母能够懂我、理解我、尊重我。而父母为孩子做出的"牺牲"，孩子或许并不需要。

毕竟，强加于人的东西，给得再多，也只是自我感动。父母要和孩子建立平等和尊重的关系，不要再做"自我牺牲式"的父母。同时，父母应该通过自身的优秀影响孩子，为孩子做出榜样。

无条件的爱，才是真爱

真正的爱，其本质在于无条件性。与之相反，有条件的爱，往往带有交换的意味。然而，令人遗憾的是，人们常常将无条件的爱，误解为"溺爱"。

那么，什么是无条件的爱？无条件的爱，是纯粹且无私的，它超越了期待和回报的界限。这种爱并不依赖于对方的行为、成就或表现，也不期待任何形式的回报。它源自内心最深处的情感，仅仅因为"你是我的孩子"，这份爱便自然流淌，与"你是个什么样的孩子"无关。

无条件的爱是包容的，它允许对方真实地展现自己，不附加任何条件或期望。这种爱给予人安全感和自由，让人能够勇敢地做自己，无须迎合外界的期待或标准。

我目睹了太多不爱孩子的父母，他们爱的并非真实的孩子，而是自己想象中那个完美的小孩。所以，他们强迫不爱吃南瓜的孩子吃南瓜，因为南瓜有营养；强迫不爱抛头露面的孩子当众唱儿歌，因为他们觉得善于当众表演的孩子会得到别人的夸奖；他们不惜花费巨大精力和金钱为孩子报各种补习班，努力将孩子送进名校，因为他们深信，这是让孩子变得优秀的唯一途径。

然而，这种带有条件和期望的爱，只会给孩子带来巨大的压力和束缚。每个孩子都拥有自己独特的个性、兴趣和喜好，他们需要被尊重和理解，而非被塑造成父母所期望的样子。只有当我们真正尊重孩子的选择和意愿，理解他们的内心需求，他们才能活出自己的自信和价值，成为真正有生命力的人。

许多人之所以会自卑，往往源自童年时期未曾体验到父母无条件的爱。这种爱的缺失，让他们对爱的本质产生了误解，难以坦然接受他人的善意和关爱。

比如，有一个女孩深爱着一个男孩，但这个男孩从小未得到过父母无条件的爱。在这种背景下，他就会陷入自我纠结，深信女孩之所以爱他，完全是因为他优秀。然而，当两人关系出现裂痕，女孩提出分手时，他又会陷入自责的旋涡，认为自己的不足或不够优秀是失去爱情的唯一原因。

在他的潜意识里，如果自己不够出色，就不配拥有别人的爱。这种"配得感"的缺失，使他对拥有的一切感到不安，时常担忧自己是否值得拥有，或是害怕一旦失去，便会陷入无尽的痛苦。因此，这样的人，在寻找爱的过程中，常常感到迷茫和焦虑，内心深处坚信自己不值得被爱。

真正的爱，它深深植根于对对方独立人格的尊重，让每个人都能自如地活出自我的色彩。黎巴嫩诗人纪伯伦说过："你的孩子，其实不是你的孩子。他们是生命对于自身渴望而诞生的孩子。他们借助你来到这世界，却非因你而来，他们在你身旁，却并不属于你。"

因此，明智的父母，应当学会放下过高的期待和条件，摒弃企图心与攀比欲，放弃心里那个"完美小孩"，去无条件地爱自己的孩子。无论我的孩子是什么样子，仅仅因为他是我的孩子，我就要无条件地接纳他、赞美他、爱他，都应当珍视这份上天赐予的宝贵礼物。

当然，一些家长会担忧，过多的接纳和自由会变成溺爱。我想澄清一点：爱本身不存在过度与否的问题，因为真爱永远不嫌多，它总是多多益善。

事实上，只有在爱中茁壮成长的孩子，才能构筑起成功人生的基石——自信。一个真正自信的人在潜意识里会相信：我配得上世间一切美好。这种"配得感"，并非源于外在的学历、成就、金钱或容貌，而是仅仅因为我本身真实地存在，我本身就是有价值的。

接纳不完美，"顶撞"也可以变成优势

在探讨完美时，我想到了两句话，第一句，"金无足赤，人无完人"。这句话道出了人性的本质：每个人都有其独特的长处和短处，世上没有完美的人。第二句，"万物皆有裂痕，那是光照进来的地方"。进一步揭示了不完美的价值——既然世界上的万物，没有十全十美的存在，都会有点瑕疵，那残

缺的部分，可能正是它的优势所在，因为只有通过裂痕，阳光才能照射进来。

身为父母，当面对孩子的不完美时，我们的首要任务是学会接纳。接纳的本质，是一种放下对抗的平和心态。当我们开始接纳时，内心将变得宁静而宽广。在这样的基础上，我们给予孩子的爱、宽容和理解，就像一束温暖的光，穿透他们生命的每一个角落，带给他们无尽的温暖和力量。所以，接纳，是亲子关系稳固的基石，也是父母成长的必修课。

而在教育实践中，"接纳"意味着对孩子不理想的成绩、波动的情绪、不当的行为和习惯等不足之处，保持理解和积极接受的态度。基于我们家庭的"赏识教育"模型，以下是三个关键的接纳思路：

首先，转变视角，从不完美中发现独特优势。我们要摒弃偏见，以全新的眼光审视孩子的不足，或许能从中发现被忽视的优点和潜力。

其次，成为孩子的后盾，与他们并肩作战。无论孩子面临何种挑战和困难，我们都要坚定地站在他们身边，共同面对，共同克服。

最后，在必要时提供建议，助力孩子成长。当孩子需要我们的指导时，我们要以智慧和爱心为基础，给予他们有益的建议和支持，帮助他们成为更好的自己。

当然，这一切的实践，都离不开一个至关重要的前提——始终如一、无条件的爱。这份爱如同阳光雨露，滋养着孩子的成长之路，让他们在爱与安全的环境中自由翱翔，无畏前行，茁壮成长。

父母不要试图培养出一个完美的孩子

父母不应执着于塑造一个完美的孩子，因为世上并不存在完美无缺的人。你本身就是不完美的，你的孩子同样如此。学会放下对完美的执着，敞开心扉接纳不完美，这才是真正的完美所在。

在接纳的过程中，父母首先要学会接受自己的不完美。只有这样，你才能更加宽容地接纳孩子的不完美。这样，你们才能以更客观的眼光，看待彼此的成长空间，不断超越自我。

在与一位朋友的聊天中，我得知她有两个孩子，分别是 15 岁的女儿和 13 岁的儿子。因为我正在写这本家庭教育的书，所以很想了解一下，身边的人在家庭教育方面有哪些需求？聊天中，我问这位妈妈："你在家庭教育中遇到了哪些困惑？"

她瞬间打开了话匣子，一股脑儿地说出她两个孩子的 32 个问题。比如：不自信、磨蹭、不收拾东西、睡懒觉、学习能力差、理解力较弱、坚持力不足、和同学相处不好、挑食、做事马虎、专注力不够、小动作太多等。

为了证明她说的都是"事实"，她给我看了她女儿房间的照片，看上去显得有些凌乱。我微笑着回应她："能把自己房间搞得很乱的孩子，都是比较有创造力的孩子。"

她听后露出惊讶的表情，似乎对我的观点感到新奇："真的是这样吗？"

我进一步解释："是的，从你的角度看，房间可能显得杂乱无章，但对你女儿而言，每件物品都有它存在的意义。她的衣服就是放在了她认为最方便拿取的地方，而不一定非要整齐地挂在衣柜里；书籍散落在各个角落，这样她随手就可以抓起一本书看，而不是整齐地陈列在书柜里。这样的环境，或许更能激发她的创造力和探索欲。"

她觉得我的这个解释，挺有趣的，带给了她能量。然而，她仍然有些纠结，她和我说："我先生刚参加了女儿的家长会，老师对她赞不绝口，说她学习成绩好、乐于助人，还主动帮助老师做翻译。我们原本非常自豪，但一回到家看到那凌乱的房间，就忍不住想对她发火。"

我笑笑说："作为父母，我们不能太贪心，既要孩子是学霸，又要她性格开朗，还要她整洁、爱干净。当孩子活在父母的完美期待中的时候，她就没法做她自己啦。"

几天后，朋友打来电话感慨道："之前我列出的那些问题，仔细回想，感觉像是我给孩子无形中贴上了不少负面标签。"我认同地说："的确是这样，你的这个反思很好。因为满眼看到的都是孩子的毛病，那不是孩子的问题，而是父母出问题了，我们需要审视自己的心态和期望。"

作为父母，我们自然怀揣着对孩子出类拔萃的期许，然而，过度的苛求和追求完美，往往会背离初衷。我们必须认识到，追求完美，可能让孩子失去宝贵的个性。每个人都不完美，正是这些不完美之处，构成了我们各自的特点和差异化，让每个人都拥有独一无二的魅力。

为了让孩子保持这份独特的个性，我们必须接纳他们的不完美。无论是缺点、不足、错误，还是习惯上的小瑕疵，都是他们成长过程中的一部分。我们需要让孩子明白，这些不完美属于他们，却不等于他们，他们是可以改变的。

"天生我材必有用"，造物主让我们出生，必赋予我们使命；同时，还给我们注入了潜能。这种潜能就是我们的长处，让我们有能力完成使命。

不和别人家的孩子比成绩

许多父母不经意间会对孩子说："你看 XXX，再看看你……"然而，这句话如同锋利的刀片，无论过去多少年，依旧扎在孩子内心深处。当孩子长时间处于被否定和不被接纳的状态时，他们很容易陷入自我怀疑的泥沼，难以自拔，缺乏安全感使他们迷失方向。

在学生时代，这种"比较"尤为常见。老师往往偏爱那些成绩优秀的学生，这些孩子常常成为家长口中的"别人家的孩子"。

社会上普遍存在着一种观念，认为优异的成绩，是通往优秀大学和未来成功的关键。因此，孩子成绩好的家长，都会感到骄傲和自豪，而那些孩子成绩不好的家长，就会感到沮丧，觉得很没有面子，最怕亲戚朋友提及孩子学习的事情，有的父母甚至都不愿意参加家长会。

但在我眼中，小有即便在初一时学习成绩不尽如人意，我仍为他感到骄傲。接下来，我想分享小有初一的一段经历。

　　小有初一时，我们移居北京，住进了博雅西园这个被誉为"高知社区"的地方。这里的家长多为北大、清华、农大的教授，而孩子也多是学霸级别的存在。

　　然而，小有是在许昌这个相对较小的城市读完小学的。初到北京的他，面对全新的教学体系，明显感到吃力。他的基础与那些一直在北京读书的孩子相比，显得薄弱许多，因此，小有考试成绩在班级和年级中，都处于下游水平，甚至有时候，他听不懂老师上课的内容，每天的作业也难以独立完成。

　　这种巨大的落差，对小有来说，无疑是一个沉重的打击。他从一个被老师夸赞"聪明"的孩子，变成了现在大家眼中的"差生"。这让我感到非常焦虑，但我很快意识到，焦虑并不能解决问题。于是，我开始调整自己的心态，并采取了两个有效的策略，决心与小有一起面对这个挑战。

　　我请了一位正在考研的女大学生作为小有的家教。她住在我们家，成了我们家庭的一员。我并不要求她为小有进行深入的课程补习，只需要她协助小有轻松应对每天的作业。这位年轻的大学生姐姐，不仅长得好看，而且亲切友善，深受小有的喜爱。在她的悉心指导下，小有能够顺利地完成作业，再也不用担心因为未完成作业而受到老师的批评。

　　同时，我极为重视与学校老师的沟通。不需要老师请家长，我三天两头主动去找班主任和各科老师，向他们解释小有因转学带来的挑战，才出现短期成绩不好的问题。让老师们坚信小有的学习能力和潜力，他的成绩很快就能赶上来。

　　我希望老师能更深入地了解和关注小有的多方面才能和品质，比如，他的作文能力、画画天赋，以及他的责任心和领导力，并请老师为他创造更多的展示机会。

　　这种积极的沟通带来了显著的效果。例如，当小有刚进入初中时，他的英语成绩非常差，他的班主任正是一位英语老师。由于我与老师的深入交流，老师很快就注意到小有的英文字母写得很好看，于是，老师鼓励他参加学校的英文书法比赛。结果，小有获得了比赛名次，受到了老师的表扬，从而激发了他学习英语的热情。

尽管小有还是成绩很差的孩子，但我好像比那些学习好的家长更加轻松。我始终尊重小有的意愿，没有强迫他参加补习班，他也可以不做学校之外的练习册。

在家长会上，我总是自信地坐在前排，不会因为小有的成绩而感到羞愧。在与小区其他家长交流时，我也自豪地谈及我的儿子，因为我坚信，成功并不仅仅取决于分数，更重要的是他的认知思维和综合素质。我坚信我的儿子是最优秀的。

因此，即使小有在学生时代，始终都不是"学霸"，但他依然能够顺利完成学业，并留出大量时间用于他热爱的事情，如旅行、参观博物馆和社交活动。这些经历，让他有机会看见外面更大的世界，接触到更多优秀的人，还使他更加明确自己的目标，知道自己要什么、应该做什么。

父母的认知和教育方式里，藏着孩子的未来

有一部名为《相似》（*Alike*）的育儿短片，虽仅有 8 分钟，且没有一句台词，却深深触动了全球父母的心弦，因为它精准地捕捉了我们和孩子的影子。

这部短片描绘了一位父亲送孩子上学的日常，孩子被树下拉小提琴的琴声深深吸引，当他沉浸于动听的旋律时，父亲却急切地拉着他继续前行。之后，孩子在作业纸上画出了那个拉小提琴的人，却遭到老师和父亲的否定，失望之情溢于言表。随着日子一天天过去，孩子终于交出了合格的作业，笑容却从他脸上消失了。

在这个以分数论英雄的时代，孩子们的创造力、想象力和情感，都被压榨得所剩无几。这种"唯分数论"的家长心态，实际上是一种教育上的"偷懒"。它暴露出两个主要问题：

首先，它扭曲和放大了成绩的作用

许多父母依然秉持着"学习好 = 未来好"的固定思维，导致他们整天把时间花费在孩子的学业上，为了让孩子多做几道题、多记几个单词，而和孩子斗智斗勇。看到孩子成绩提升，就高兴不已，再苦再累都感觉毫无怨言。但只要一看到孩子分数不如意，家长就会气急败坏，大发雷霆。

其次，它暴露了父母在教育评价和引导上的不足

许多父母在评价孩子的成长时，往往过于依赖单一的分数标准，因为分数最容易看得到。如果不把关注点放在孩子这个人身上，那么，孩子的独特优势就不容易被发现，也往往会忽视了孩子的世界观、金钱观、认知思维等软性的、不能用分数衡量的素质。这些素质的培养，不仅关系到孩子的未来发展，更影响他们的个性塑造和心理健康。

此外，"唯分数论"的家长，往往难以与孩子建立深层次的沟通。他们关注更多的是孩子的成绩，而非孩子的内心需求和感受。长此以往，孩子与父母的沟通之门可能会逐渐关闭，形成沟通障碍。

家长必须明确，孩子的学业有专业的老师负责，而家长并非老师的替代品。实际上，家长更应该关注孩子的品格、人生态度和综合素质的培养，这才是家长最应给予孩子的、最宝贵的财富。

试想一下，一个拥有正确人生态度和优良品质的孩子，他的学业成绩会差吗？他的前途难道不是一片光明吗？

我儿子小有就是个很好的例子。尽管初一时成绩不佳，但我们并未过分关注分数，更未给他施加压力。相反，我积极与老师沟通，确保老师能够关注到小有的成长。这种沟通，让老师对他有了更全面的了解，即使他的成绩暂时落后，老师也未给他贴上"差生"的标签。更值得一提的是，老师还对小有的微小进步给予了及时的鼓励，这种正面的反馈，极大地增强了他的自信心，也激发了他提升成绩的动力。

在我们的这种教育方式下，小有逐渐找回了自信，学习成绩稳步上升。

最终，在中考时，他以优异的成绩考入了首师大附中中美班。

家长要知道，父母的认知和教育方式里，藏着孩子的未来。正如心理学家武志红所说："父母是孩子最大的命运"。父母给予孩子什么教育方式，孩子就会成为什么样的人。孩子未来生活得好不好，并非仅由成绩决定，"高分低能"的现象，在各个国家已屡见不鲜，人们也曾一度陷入"好孩子=学习好的孩子"的误区。

明智的家长绝对不会仅以"成绩"这个单一标准来评判孩子的优劣。当家长能够去发现孩子的特长和天赋，这个过程，实际上是在为世界培养一个未来的"天才"。

所以，爱孩子就是在他没有那么优秀的时候，你依然爱他，爱他的全部。对于孩子的不完美，接纳，抱以希望，静待花开。

如何接纳孩子的不完美？

当然，每位家长都怀揣着对孩子未来无限的期待和憧憬，希望他们在学业和生活中都能出类拔萃，拥有卓越的品质和出色的成绩。这种期望本身并没有错，它是对孩子美好未来的憧憬和动力源泉。

然而，我们必须面对一个现实：在现实生活中，不存在"完美"的孩子。每个孩子都有他们的独特之处和潜力，但同时也存在缺点和不足。这并不意味着，我们应该对孩子的不足视而不见，而是要学会用包容和理解的心态，去看待他们的成长。

为了帮助父母更好地接纳孩子的不完美，我们可以从以下几个方面进行优化：

❶ 调整心态，降低期望

当孩子一直被要求完美时，他们会逐渐失去真实、自我的人生，只会为"优秀""成功"而活。

我们必须明白，每个人都是不完美的。当孩子在外界的赞誉与内心的感受产生矛盾时，他们可能会感到困惑、焦虑甚至绝望。这种内心的分裂和痛苦，会极大地影响孩子的心理健康，让他们难以与自己和解，享受生活的乐趣。

教育的核心目标，确实是引导孩子成为优秀的人才，但在这一过程中，我们必须警惕"求完美"的心态。过度追求完美的教育方式，实际上是一种反自然的行为，它违背了孩子自然成长的规律。

要理解什么是反自然行为，首先要认识到，大自然原本赋予每个孩子以成长的正能量，只要生长条件正常，都会健康成长。但那些在完美期待中成长的孩子，天性被过度驯化，其作为独立的"自我"无法正常舒展，却耗费太多的精力，去适应他人的要求。

虽然，这种教育方式可能在短期内，让孩子取得一些世俗意义上的"成功"，但长期来看，它会对孩子的心理健康产生负面影响。一个内心积淀太多负能量的人，他的内心世界充满了矛盾与挣扎，无法自如地表达自己的真实情感和需求。

因此，尽管他们在表面上看起来完美无缺，但内心却难以感受到真正的幸福和满足。他们可能会陷入一种无尽的追求中，永远无法满足自己或他人的期望，从而失去了对生活的热爱和享受。

② 避免指责、比较、抱怨

"求完美家长"与"强势家长"确实在某种程度上是同义词。他们倾向于以成年人的权威和力量去塑造孩子，却往往忽视了孩子作为独立个体的天性和需求。这类家长在沟通中常采用指责、比较和抱怨的方式，对孩子的心理健康和性格形成，带来极大的负面影响。

- 我都和你说过多少遍了？上课要认真听讲，你咋就不长记性呢？（这是指责。这种话语只会让孩子感到挫败和无力，认为自己无法达到父母的要求）

- 你看看你班的XXX同学，人家的成绩为啥总是排在前几名，而你为什

么总是忽高忽低？（这是比较。这种比较不仅让孩子感到压力巨大，还可能让他们产生自卑和嫉妒心理）

■ 爸爸妈妈辛苦工作，咱家的钱都花在了你身上，就是为了让你出人头地，而你却这么不争气！（这是抱怨。这种抱怨只会让孩子感到内疚和自责，认为自己无法回报父母的期望）

在父母这样的沟通方式下，孩子会接收到大量的负面情绪，感到自己不被理解、不被信任，更完全感受不到来自父母的爱。这样的环境，会让孩子产生"我什么都做不好，父母对我不满意，我是个没用的人"的错误信念。

这种信念，将严重影响孩子的性格，使他们变得自卑、懦弱，难以找到自己的价值感。到了青春期，孩子会产生严重的叛逆行为。成年之后，孩子更希望尽早远离父母。

❸ 从认知到行为上接纳"不完美"

尽管"人无完人"是众所周知的事实，但很多人仍对完美抱有执念。为了促使大家从内心深处真正接纳世界的不完美，并将这种认知转化为行为，家长可以自我反问以下三个问题：

首先，你见过完美的人吗？

让我们静下心来，仔细思考这个问题。你是否认为自己毫无瑕疵，完美无缺？环顾四周，你是否发现过完美无瑕的人？如果答案是否定的，那么为何我们会不自觉地对孩子抱有如此苛刻的完美期望呢？

当我们意识到这一点后，亲爱的父母，请不要再对孩子说"我这辈子就这样了，以后只能靠你了"这样的话语。孩子和父母都是彼此独立的个体，孩子不属于父母，他只属于他自己。如果父母将个人的期望和心愿，强加于孩子身上，只会让父母对孩子的不完美之处产生过度的焦虑。

其次，你真的爱你的孩子吗？

如果你总是以挑剔的眼光审视孩子，试图将他们塑造成你心目中的模样，以满足你的期待，那么这样的做法，并非真正的爱。真正的爱，是细心观察并发现孩子身上的独特之处，欣赏他们的才华和闪光点，用赞美和鼓励的话语去激励他们。

我们要无条件地给予孩子爱与支持，不仅爱他们的优点，更要接纳并包容他们的缺点和不足。

最后，你是否尝试过换个视角看待孩子的不完美？

视角的转换，往往能带来全新的发现。孩子的不足，从另一个视角看，或许正是他们的独特之处，甚至这些不足中还蕴藏着未被发掘的优势。比如，一个人心思缜密，虽然可能导致犹豫不决，但意味着他们看问题更全面。再比如，游泳名将菲尔普斯，从小患有多动症，而且手长脚长，上下身比例不协调，这些缺点困扰着他。但当他投身游泳这个事业之后，这些所谓的缺点，都成了他的优势。并且，这个优势是别人无法企及的。

在本书第一章中，我们曾探讨多个让父母感到焦虑的孩子个性，如顶撞、胆小、敏感、内向、慢性子、强迫行为、爱折腾。然而，当父母改变认知，这些"问题"便能转化为孩子的独特优势。

因此，令我们困扰的并不是问题本身，而是我们看待问题的角度。当你意识到这些"缺点"背后隐藏的优势时，你将能更好地接纳孩子，并与他们和谐共处。

坚定地信任，让孩子保持自由的野心

"野心"一词，常常被黑化，社会上对野心的偏见，可谓根深蒂固。作为父母，我们往往陷入一个悖论：既期待孩子成就非凡，又不自觉地打击他们的梦想，告诫孩子不要有野心，不要好高骛远，不要把目标定得太高，不要出风头。父母不想让孩子平庸，却又在无意识地通过各种方式，让孩子变得日益平庸。

那些所谓的教育学和心理学专家也是这样。我曾与一位心理学专家探讨，我想在抖音平台上分享关于如何培养孩子的商业思维和创业精神的内容。他提醒我，在你的观念里，要把孩子培养成精英，但很多人其实只适合做个普通人。

同样，我也曾在抖音上刷到一位北大心理学背景的教育博主，她拥有众多家长粉丝。她在直播间中也表达了相似观点，她告诉家长："99%的孩子注定是平凡的，所以你们要接受孩子的平庸。"

他们说的都对，因为世界上平凡人一定是大多数，包括你和我。然而，正是这种对平凡的过度强调，使得我们和孩子都失去了追求非凡的勇气。我们忘记了，正是因为有了野心和梦想，人类才能不断超越自我，创造奇迹。

正如李宗盛在《凡人歌》中唱道："你我皆凡人，生在人世间。终日奔波苦，一刻不得闲。"中国的孩子，就是在这样的理念熏陶下，在从小到大的成长过程中，"野心"在慢慢地萎缩，一个小学生可能想当国家主席，一个大学生可能只想毕业找个能养家糊口的工作。这种变化，值得我们深思。

孩子的"野心"从哪里来？

所谓"野心"，就是即使对未知有恐惧，也愿意冒着梦想无法实现的风险而努力，有更高的目标和更好的追求。那些有野心的孩子，会相信自己的无限潜能，在前进的道路上孜孜以求。而那些缺乏野心的孩子，容易自我设限，满足于现状，不思进取。

有一次，我参加了一场由张维迎老师和肖知兴老师主导的关于"企业家精神"的深入对话。张维迎老师作为研究"企业家精神"四十年的权威，其见解之深刻、经验之丰富，堪称业界翘楚。我读过他的著作《重新理解企业家精神》，受益良多。

在这场对话中，关于"企业家精神"是天生具备，还是后天培养的议题，成了讨论的焦点。两位专家提出了一个观点，他们认为，天赋在企业家精神的形成中占据了显著的地位，大约七成，剩下的三成则归因于后天的培养。

然而，在我看来，企业家精神的形成，无疑是由天赋和后天共同塑造的。但具体到哪个因素更为重要，我认为不能简单地以7：3的比例来划分。事实上，很多杰出的企业家之所以展现出卓越的领导力和企业家精神，很大程度上是因为他们受到了良好的后天环境的熏陶和影响。

关于人的"野心"究竟受何种因素影响，这是一个复杂而多维度的议题。我们可以从遗传、家庭和社会环境三个角度来探讨。

首先，从遗传学的角度来看，加利福尼亚大学心理学家斯曼特的研究表明，"野心"这一特质，在一定程度上是遗传的。这意味着，如果你的家族中普遍存在有"野心"的倾向，那么，你很可能天生就拥有这种特质。这也解释了，穷人为什么一辈子穷困潦倒，富人为什么会一生荣华富贵。正是因为穷人最缺少的，就是成为富人的野心。

其次，家庭环境对"野心"的形成，同样起着至关重要的作用。父母对孩子成功理念的灌输和潜移默化的影响，是孩子成长过程中不可忽视的因素。例如，石油大王洛克菲勒在他写给儿子的家书《要做第一》中这样写道：

亲爱的约翰："我似乎从不缺少野心，从我很小的时候开始，我就立志要成为最富有的人，这也一直是我的抱负与梦想。"

同样，美国前总统特朗普家族的文化，也强调"野心"和追求卓越的重要性。特朗普从一出生，就被父亲赠言："你将会成为领袖。"这使得特朗普从小就树立了成为领袖的志向。

所以，我们不难发现，很多"富二代"也会成为"创二代"。他们的成就，甚至会超过他们的父辈。当然，有人可能会说，那是因为他们有钱。不可否认，钱当然是一种底气，但更重要的是，他们从小生长的环境和父辈的耳濡目染，让他们有了一种我活该就是有钱人的底气。

最后，社会环境也是塑造"野心"的重要因素之一。当一个人与社会环境相接触时，他所遇到的人和事物，都会对他的价值观和行为模式产生影响。

如果他总是遇到有"野心"的人，那么，他很可能也会被激发出做一番事业的欲望。此外，社会环境中的竞争和机遇，也会激发人们的"野心"，促使他们不断追求更高的目标和更好的成就。

没有野心的人，有多大本事，就做多大事。有野心的人，要做多大事，就去培养多大的本事。所以，请一定要与有野心的人为伍。

父母怎样保护孩子的"野心"？

在家庭教育中，如何保护和激发孩子的"野心"，至关重要。

我在网络上看到这样一个故事。6岁的小阿姆斯特朗和妈妈，有过这样一段对话。

他说："妈妈。我要到月球去。"

妈妈回答："好啊，只是你别忘了从月球上回来，回家吃晚饭。"

33年后，阿姆斯特朗真的成了宇航员。当他从月球返回地球的时候，他说了一句话：

"儿子从月球上回来了，我会准时回家吃晚饭。"

那位智慧的母亲，并未因孩子年幼或梦想看似遥不可及而轻视，反而坚定地选择了保护和鼓励孩子的梦想。这份信任与支持，最终让阿姆斯特朗实现了登上月球的壮丽梦想。

这与我们家庭的教育理念不谋而合，我们始终坚信并支持孩子的野心与梦想。

小有自初中起，便时常萌生出一些别出心裁的商业点子。在他初一那年，他特别兴奋地和我说："妈妈，您看现在同学用的笔记本，样式都很普通，而且缺乏品牌辨识度。我想设计一种样式新颖，还要在封面上带有独特品牌标识的笔记本。"

话音刚落，小有便迫不及待地拿起一张白纸，开始描绘他理想中笔记本的设计草图。他全神贯注地投入其中，每一笔都显得如此认真和用心。我在一旁静静地观察着，他的专注和激情，让我也为之动容。

很快，小有一气呵成地完成了设计草图。他兴奋地展示给我看，我由衷地赞叹道："你的设计真是太棒了！妈妈会让我的同事帮你用专业的作图软件进一步完善这个设计。然后，你可以尝试写一个商业计划，我会请投资人朋友看看。"

随后，我坐下来，向小有详细讲解了BP（商业计划书）的核心组成部分，以及撰写中要注意的问题。虽然这个创意最终并未真的形成一份完整的商业计划，但对于一个初一的孩子来说，他明白了，妈妈从未因他只是十几岁的孩子，而对他的异想天开给予嘲笑或蔑视。在我看来，他的每一个创意都值得被相信、被重视。

回顾小有的成长历程，我惊讶地发现，他如今创立的服装品牌"MEAT"，正是源自他初中时设计笔记本的那一抹创意火花——独特的品牌标识理念。在他的服装设计中，最引人注目的便是品牌Logo"MEAT"，它不仅是品牌的一个视觉符号，更寓意着一种力量与自信。穿上"MEAT"的每一个人，都能展现出一种难以抗拒的"性感"，那是一种源自内心的自信和魅力。

此外，小有对品牌的理解深刻而独到。小有常常和我说，传统的店面销售，产品摆在货架上，总会有人过去看看、摸摸，也总有人会购买。而互联网上的品牌，如大海捞针，没有门店的固定客流，如果没有让消费者一眼就看上，你的产品就会被淹没，甚至可能一个人都不会买。

他深知，在互联网时代，人们的注意力被极度分散，品牌间的竞争也越发激烈。品牌不再仅仅与同一个地区或国家的竞品竞争，而是要在全球范围内脱颖而出。在这种环境下，具有冲击力的产品和有吸引力的宣传，才能让品牌有出路。

2020年2月小有受邀在北大i1898平台上分享他的创业心得，他选择的题目是"社交推广中的性感生意"。这个题目既展现了他对社交推广的独到见解，也体现了他对品牌性感魅力的深刻理解。

我深感庆幸，在小有初露锋芒的时候，我给予了他足够的关注和支持，才点燃了他对商业世界的持续探索和追求。

可见，追逐梦想无疑是每个人前行的动力源泉。在逐梦的道路上，遭遇困难与挫折是难免的，它们如同迷雾般让人迷失方向，感到彷徨和沮丧。然而，正是在这样的时刻，我们应当成为孩子逐梦路上的知己和同行者，用智慧和爱引导孩子认识到：人生的价值不仅在于实现梦想，更在于享受追梦的过程。同时，要坚信，只要我们持之以恒地追逐梦想，成功和快乐终将到来。

这让我想起了小有在创立 MH 公司之初写的一篇文章——《那个飞向蓝天的人》。那是他借由西雅图机场的"偷飞机事件"，写的一篇随感。

"偷飞机事件"是这样的：2018 年 8 月 10 日，29 岁的西雅图地勤人员理查德，这个除了在游戏中开过飞机，从来没有接受过任何飞行培训的人，竟然在众目睽睽之下，从机场偷了一架飞机，飞上了蓝天。更令人想不到的是，第一次开飞机的他，竟然完成了桶滚飞行等一系列危险动作。他偷飞机的行为，虽然让数千名乘客滞留机场，毁坏了价值 3000 万美元的飞机，但是事后大家却是一边倒地同情和支持他。在短暂生命的最后 90 分钟，理查德一边开着飞机，一边与控制台人员开着玩笑，言谈中，他说出了自己人生的两个心愿，一个是成为飞行员，一个是亲眼看看加拿大的鲸鱼。

整篇文章中，小有完全没有写到自己，但小有爸爸看了文章之后，感受到了小有此刻内心的恐惧和迷茫。所以，爸爸给儿子写了很长的文字：

"儿子的心是善良多情的，既能体会温暖，也能送出温暖。儿子的文字从不雕琢，读来非常亲切，能够让爸爸感同身受。爸爸最能理解儿子不甘平庸，想要飞翔，却又暂时没飞起来的心理落差。不过，爸爸认为，儿子只要有梦想就是伟大的。

儿子正像年轻时的马云，有梦想、敢行动，关键还有独特见解，又有市场能力，具备成功企业家的潜质。爸爸很佩服儿子，咱们只管尝试，只管踏实经营好现在的 MH 公司业务，儿子所做的这些，都不是浪费时间，都是在积累从商经验。

就像马云如果没有前面的各种商业探索，或是如果想到了不去做，那后面也根本不会发现电商机会。所以，儿子的商业积累，一定会在某一个时间点迎来大爆发。这个过程中，需要耐得住寂寞，让自己心平气和下来。当然，这个过程会是枯燥的，但要从中体会到快乐，学会放松。尽管现代人都很焦虑，但儿子要学会适应，学会转移注意力，学会精神上的劳逸结合。

另外，要知道，你已经很优秀；你已经是佼佼者；你已经名牌大学毕业，能够世界各地来去自由；你已经过了语言关，这为你打开一扇大门；你已经创立了自己的公司，已经有商标，已经有产品，已经开始有销售，已经有不断的行动和成果。截至目前，你已经走得很快了，爸妈相信你，未来还会飞得更高。

所以，儿子，爸妈会和你一道，过去不悔，未来不忧，今天只管前行吧，前行路上一路欢歌。"

小有爸爸和我都很清楚，虽然小有选择了辞职创业，但他的内心其实是复杂的。他很怀念在拍卖行工作的那段日子，每天穿着笔挺的西装，急匆匆地走在办公楼里。每场拍卖会，他的照片都会印在精美的手册上。在拍卖行，他有各种机会接触到众多有钱和有名望的人，同时，也有着清晰的职业发展路径。

即使这样，他依然按捺不住内心想要创业的梦想。所以，小有爸爸和我始终在鼓励他："年轻就是你的资本，你拥有无限的可能，也有足够的空间去尝试和犯错。年轻人要记住六个字，不要怕，不要悔。"

当孩子拥有野心，他展现出来的内在驱动力将变得异常强大。这种野心，不仅是对成功的渴望，更是对不凡人生的追求。

因为相信，孩子才敢于选择行人稀少的那条路

孩子与父母的关系，宛如一幅缓缓展开的画卷，随时间流转而色彩斑斓。

最初，孩子仰望父母，视其为无所不知的超人，心中的英雄，渴望与我们分享一切。

随着孩子们逐渐成长，他们开始觉察到父母的局限，意识到父母并非万能。这一转变，让亲子沟通变得微妙而复杂。

当孩子步入社会，与父母的代沟似乎越发明显，思想鸿沟似乎难以逾越。许多家庭因此陷入浅尝辄止的家长里短，深入沟通成为奢侈。

然而，在岁月长河中，总有一些家庭能逆流而上，家长与孩子之间始终保持着那份深入、频繁且有效的沟通。

小有与我们，便是这样的家庭。他视我为最值得信赖的人，我们的沟通既频繁又深入。每年我生日，他总会以一篇文章作为礼物，那是我收到的最珍贵的生日礼物。其中一篇名为《和妈妈打电话都在说些什么》的文章中，他深情地写道：

"我特别喜欢给妈妈打电话，每当我们在电话中探讨商业或人生的话题时，都是越说越激动，有时一边说着话，我都觉得坐不住了，必须站起来满屋绕着圈地说。这种沟通上的深度契合，真是畅快淋漓的感觉。

我喜欢和妈妈打电话，是因为她的生活总是充满新鲜与活力。妈妈与时俱进，我们分享的都是事业和生活上的新收获和新感悟。

比如，妈妈喜欢读书，所以她总鼓励我读书，为我推荐优秀的商业书籍。妈妈经常听讲座，常常和我分享最新的商业理念和创业项目。妈妈对生活有着高标准的追求，无论是购物、美容、读诗还是自我投资，她都保持着极大的热情。

总之，每次给妈妈打电话，从来没有人们常说的给家中老母亲打电话的那种悲伤和无奈。和妈妈视频，也从没有看着自己妈妈年龄渐长，感到一

阵辛酸的苦楚。反而在每次视频中，我看到的都是妈妈的精神焕发和姣好的容貌。

这或许是因为妈妈对自我有着高品质的要求，对于所有新鲜事物也是充满兴趣的，她所展现出来的这种状态，让我感到无比舒适和愉悦。

因此，我觉得，随着时间的推移，我和妈妈之间的关系越来越像朋友。我总是迫不及待地想要与她分享生活中的新鲜事，因为我知道她懂我。我和妈妈之间的理解和爱，如同我们共同培育的花朵，在时间的滋润下茁壮成长。"

美国诗人罗伯特·弗罗斯特在《未选择的路》中写道：

"许多年以前，林子里有两条路，我选择了行人稀少的那一条，此后，人生大不相同。"

那么，我们，以及我们的孩子，是否也愿意踏上那条行人稀少的路呢？

面对人生选择时，内心缺乏安全感的孩子，往往会倾向于选择稳定的生活。然而，若想升级我们的生活品质，我们必须勇敢迈出冒险的步伐。这意味着踏入未知的领域，尝试未曾做过的事情，接触全新的人群，从而拓宽我们的生活视野，让新的可能性悄然进入。

我明白，对于许多人而言，这种未知的探索是极具挑战的，因为每一次尝试都会伴随着不确定性，甚至可能引发内心的恐慌。但请记住，正是这份不确定性，孕育着无限的机会与潜力。

在我家，尽管小有不知道我对于他的选择是否全然了解，但他深知我对他的完全相信。我坚信，与其阻挠孩子的梦想，不如成为他们前行的盔甲。小有渴望成功，他就会选择行人稀少的那条路，但他从来不惧怕做出这样的选择，因为他总是带着妈妈的信任前行。在这样的路上，他不怕失败，也永远不会孤单。

我衷心希望每位父母都能理解，孩子身上蕴藏着无限的潜能。我们不应以自身的认知去限制他们，而应努力为他们营造一个健康、自由的环境，让他们的"野心"在这片土壤中自由生长。当我们做到这一点时，我们便为孩子探索世界和成长发展，提供了最坚实的安全感。

赏识教育，给孩子的勇气加把力

"赏识教育"，犹如我们家庭教育中的璀璨星辰，照亮着孩子前行的道路。

何为"赏识"？

赏识，是对他人独特价值的发现和珍视，是对他人努力与成长的由衷认可与尊重。

在家庭中，"赏识教育"不仅是对孩子行为、品格和习惯的欣赏，而且是对孩子内在心灵和成长过程的深度理解和尊重。

每个孩子内心都渴望被看见、被理解、被赞扬。赏识教育，正是满足孩子这一精神需求的重要途径。我们坚信，父母的赏识是孩子成长道路上最强劲的动力，它让孩子更加坚信自己的价值，从而勇敢地追求梦想。

赏识教育的核心理念

赏识教育的核心理念在于，以无条件的爱、接纳和信任为基础，无论孩子的优点还是不足，都能从中找到积极意义，以正面的态度去引导孩子成长。它鼓励父母陪伴孩子从"共生关系"逐渐走向"个体分离"，让孩子在成长过程中学会独立。

这种"共生关系"，描述的是父母与孩子之间那种亲密无间、仿佛融为一体的状态，不分你我、没有边界的关系。就像小时候，小有爸爸经常把小有的小脸贴在自己裸露的胸前，他们共同感受着彼此的心跳，分享着彼此的情感，他和爸爸完全"融为一体"。

在这个阶段，父母和孩子有心灵感应，能够敏锐地捕捉到孩子的每一个细微需求，孩子的任何问题，父母都能感同身受，给予他们无微不至的关怀。

逐渐地，孩子会爬了，能站了，会走会跑了，每一个阶段都标志着孩子作为一个独立个体的诞生。此时，父母需要适时放手，不能因为害怕孩子跌倒摔跤，而去过度保护。从这时候开始，这种稳固的"共生关系"就要逐渐被打破。

当孩子进入青春期后，他们开始追求个性化和自我认同。他们渴望拥有自己的秘密和空间，用"叛逆"来表明自己的独特性，刻意地在各个方面表现出与父母的不同。这时，孩子既想追求自主，又怕遇到挫折。父母要放下对孩子的控制，少一点要求，多一点理解和包容。

当孩子年满 18 岁，他们可能想飞得更远，比如，他们可能会选择离开家庭，去外地或者国外上大学，孩子开始和父母有了真正的分离。这时，孩子已经具备了独立思考和决策能力，也开始承担起自己的责任。父母应该给予孩子完全的信任和认同，让他们自信地走向未知，走向未来。这种信任和认同，是对孩子最好的支持和鼓励，也是对他们独立性的最大尊重。

分离并不意味着疏远，而是成长的必然过程。孩子只有在经历了一次次分离后，才能逐渐成长为一个独立、自主的个体。正如英国心理学家西尔维亚所言："父母真正成功的爱，就是让孩子尽早作为一个独立的个体，从你的生命中分离出去。"

家长需要注意的是，在"个体分离"阶段，孩子虽然远离家庭，但家庭仍要为他们提供支持与帮助。这一过程中，孩子既需摆脱对父母的依赖，以建立生活和心理的独立性；同时，孩子也需维持与家庭的紧密联系。只有在这两者之间找到平衡，孩子的身心才能健康地成长。

以我们家为例，小有 18 岁时，选择去美国读大学，并在毕业后留在那里工作和创业。我们家中每个人都是独立的个体，拥有不同的思想和发展路径，但每个人的成长都同样精彩。

因此，我们鼓励孩子独立，但并不意味着让他们独自面对所有挑战。在他们还是"小苗"时，我们不会让他们独自承受风雨。当孩子需要我们的支持和帮助时，我们会一直都在。我们并不刻意追求"事业"与"生活"的平衡，因为我们深知，在孩子独立成长的道路上，家庭的支持永远是他们最坚实的后盾。

赏识教育的本质，乃是对生命的深沉之爱，是对孩子独特存在的珍视与尊重。

我坚信，这个世界不存在一无是处的人，每个人都有其独特的光彩。哪怕是最微小的存在，也必有值得称道之处。所以，哪怕天下所有人都看不起你的孩子，作为父母，你也应该欣赏他、赞美他。毕竟，你的孩子，是这个世界带给你生命中最美好的礼物，他们的存在本身就是一种无可替代的美好。

当我们真正懂得赏识孩子，我们便领悟了爱的真谛，也学会了如何以爱去温暖、去滋养他们成长的每一个角落。

为了帮助大家更深入地理解赏识教育，我将其核心关键点进行了提炼，形成了"赏识教育"思维模型（图2-1）。这个模型包含以下两个核心要素。

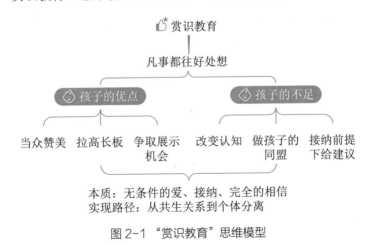

图 2-1 "赏识教育"思维模型

■ 本质

赏识教育的根本在于无条件的爱与接纳。这意味着父母对孩子的爱，不是基于孩子的表现或成就，而是源于对孩子生命本身的珍视与尊重。

无条件的爱，为孩子提供了成长所需的安全感和稳定性。

■ 实现路径

赏识教育的实施，是一个循序渐进的过程，一个从共生到分离，再从分离到支持的循环过程。

1. 建立共生关系：在孩子的成长过程中，父母应与孩子建立亲密无间的共生关系，为他们提供情感上的安全感，让他们感受到家庭的温暖和支持。

2. 促进个体发展：随着孩子的成长，他们逐渐发展出独立性和自我意识，开始与父母形成个体分离。父母需要适时放手，给予孩子足够的空间去探索世界，让他们学会独立思考和自主决策。

3. 提供持续支持：在个体分离的过程中，父母需要时刻关注孩子的成长动态，为他们提供必要的支持与帮助。这种支持不是代替孩子去面对挑战，而是在他们需要时给予引导、鼓励和协助，确保他们在成长的道路上不会迷失方向。

具体来讲，父母应该怎么做呢？

1. 积极赞赏：当孩子展现出积极的特质或取得成就时，父母应毫不犹豫地给予赞赏和认可，让孩子感受到自己的努力被看见和珍视。

2. 转变视角：面对孩子的不足或错误，父母应摒弃传统的批评和指责，积极转变视角，去发现孩子在这些"不足"背后所展现出的勇气、探索精神或其他潜在价值。

3. 正面引导：基于这种新的视角，父母应以正面的态度引导孩子，帮助他们认识到自己的不足是成长的契机，鼓励他们积极面对挑战，勇敢尝试。

保持耐心，让孩子勇敢面对挑战

养育孩子，无疑是对父母耐心的极大考验。在忙碌的工作、家庭与孩子教育之间，我们往往容易感到疲惫与压力，导致耐心逐渐消磨。

面对孩子的任性、叛逆或犯错误时，缺乏耐心的父母很容易陷入情绪失控的旋涡，对孩子大吼大叫，甚至是责骂。

当孩子感受到父母的急躁与厌烦时，他们的情绪也会受到影响，难以体会到自身的价值，变得胆小、畏缩，甚至可能在心理上受到伤害。更糟糕的是，父母的这种态度会无形中传递给孩子，使他们在面对学习或生活中的困难时，同样缺乏耐心。

耐心，是一个人成功的重要品质。因此，为了孩子的未来，家长要对孩子有耐心。同时，要培养孩子成为一个有耐心的人。

耐心等待，尊重孩子的成长节奏

耐心等待，是父母赠予孩子最宝贵的礼物。这种耐心，不仅是指等待的时间，它更是一种理解、尊重和信任的态度。在孩子的成长过程中，每个孩子都是独一无二的个体，他们的成长如同春日里的花朵，不会因我们的期待而提前绽放。孩子的成长同样需要我们用耐心去呵护和等待。

在养育孩子的过程中，我们应避免设定固定的标准，不要在孩子成长的每个阶段都设定必须达到的目标。可是，现实中许多心急的父母，总会不自觉地拿自家的孩子和别人家的孩子进行比较，比如，什么时候会走路、会说话、会识字、会穿衣服、会滑滑梯等。这种比较往往源于对孩子未来的焦虑，担心孩子会输在起跑线上。

在不少家长眼中，自家的孩子如果能比同龄人更早、更快地掌握某种技能，就觉得他们更优秀。但在我看来，生活中的很多技能，都是人类与生俱来的能力，只要孩子身体发育正常，这些技能早学会或晚学会并没有什么差别。因此，父母无须因为孩子在某一方面的发展速度稍快或稍慢，而过度欣喜或焦虑。

每个孩子都拥有独特的成长节奏，我们应当去发现并尊重这种节奏，避免不必要的干预和助推。我始终坚信，耐心等待，允许孩子按照自己的节奏成长，是对他们最大的尊重和支持。

让我们分析一个关于我儿子的小故事，通过这个故事，我们可以深刻体会到，父母的耐心，对孩子成长的重要性。

2000 年，我儿子小有 7 岁，即将踏入小学的校门。那时，我和小有爸爸在许昌工作，考虑到许昌学校的师资条件，我们决定为小有选择更好的教育环境，于是将他送到郑州的"小哈佛"私立学校。这所学校拥有出色的硬件设施，以及充满爱心和责任心的老师。可是，小有却死活不愿意在"小哈佛"上学，他每天通过电话向爸爸哭诉，表达着对家的思念和对新学校的抗拒。

为了安抚小有的情绪，我和小有爸爸每天下班后，都会驱车 80 多公里从许昌赶到郑州，去"小哈佛"看小有，陪他说说话、玩一会儿，陪伴他度过短暂的时光。我们会在他入睡后，再驾车返回许昌，疲惫地迎接新的一天。

记得有一次，我们照例去"小哈佛"看小有。回程时，突然下起大暴雨，高速公路上的能见度极低，遇到这种恶劣天气，特别恐怖。小有爸爸几乎看不清前方的车辆，又没法停下来，只能硬着头皮往前开。真想象不到，我们是怎么把车开回家的，越想越感到后怕。

经过一个多月的往返奔波，我们疲惫不堪，同时，也心疼孩子。最终，我们决定将小有接回许昌，让他进入许继小学。在那里，他度过了轻松快乐的小学时光。

在处理小有寄宿学校的问题上，我们并没有简单地以成年人的视角去衡量，觉得这只是小事，别人家孩子都能适应寄宿生活，小有闹腾一阵子，让他坚持一下也就没事了。相反，我和小有爸爸都能够深深地理解孩子，意识到寄宿生活对他来说，不仅是生活环境的改变，更是情感上的巨大挑战。尤其考虑到小有本身是个高敏感的孩子，他更容易产生强烈的"分离焦虑"。

我们认为，孩子的成长是一个漫长的过程。作为父母，我们要有充分的耐心，既然寄宿给小有带来了不安全感和分离焦虑，那么在他心智尚未成熟、准备不足的时候，我们应当给予他足够的成长空间，而不是逼迫他去做那些不愿意做的事情。

这件事也让我们反思：在做出与孩子相关的决定时，我们必须尊重他们的意愿。孩子的感受和需求是首位的，只有他们觉得好的，才是真正的好。这是我们作为父母应该铭记的原则。

那个曾经对寄宿学校感到不适的小有，如今已然蜕变。昔日瘦弱的小男孩，现在已成长为高大健壮的青年，举手投足间流露出一种"不怒自威"的气质。

记得一次在机场候机，一位女士惊讶地对我说："你儿子是军人吗？他的身材和走路的样子，好威风啊！"个子娇小的我，能有这样一个高大威猛的儿子，内心充满了无比的幸福和骄傲。

回想起他小时候，那个对寄宿学校充满抗拒、连在亲戚家住一晚都难以接受的孩子，多年后，却能独自背起行囊，勇敢地踏上美国求学之路。在那里，他独自完成了学业，找到了工作，并踏上了创业的征途。这12年的海外生活，虽然充满了困难和挑战，但正是我们给予他的爱、安全感，以及对他所做一切的接纳和允许，让他在面对困境时，内心始终坚定有力。

每个孩子的成长都有其独特的轨迹和速度，面对同一件事，他们的反应和处理方式也各不相同。作为家长，我们切不可忽视孩子的个性差异，更不应粗暴地干涉或试图揠苗助长。这样的行为，往往会给孩子带来不必要的压力，甚至可能对他们造成伤害。

相反，我们应该给予他们足够的空间和时间，让他们按照自己的节奏自然生长。即使孩子长大后忘记了小时候的许多事情，但父母那份默默陪伴和耐心等待的爱，会永远镌刻在他们的记忆中，成为他们一生中最宝贵的财富和力量源泉。

静待花开，给孩子成长的时机

我们不自觉地以孩子的成长作为满足自身的某种私欲或期望时，我们不禁会深思：我们的教育，是否在某些关键方面出现了偏差？为了更直观地探讨这个问题，我想分享一个发生在我身边的故事，主题是"被家长一路规划好的人生"。

有一次，我和一位朋友闲聊时，她提及了她那正在人大附中读初三的女儿，女儿不仅学习成绩优异，担任班长，有领导力，而且拥有诸多特长，身材高挑，容貌出众，令人羡慕不已。

然而，这位朋友却透露出一丝忧郁。她说女儿近期变得有些叛逆，不愿意搭理家长，同时感受到学习带来的巨大压力。我好奇地问她："你们对女儿有什么期望吗？"

她回答："女儿即将面临中考，我们当然希望她能顺利进人大附中的高中部。但根据她目前的成绩，虽然有机会，但并非稳操胜券。我能感受到女儿很努力了，学习也很累，但我觉得她还没有拿出全部的力量去拼搏。"

我进一步询问："那你们是如何与女儿相处的呢？"

她描述道："我每天都会接送她上下学，让她节省时间用于学习。在家中，我也会时常督促她努力学习。但她的爸爸在女儿面前，总是显得忧虑重重，唉声叹气。"

最近，再次与这位朋友相见时，她兴奋地告诉我，女儿成功地考入了人大附中，如今已经读高二了。而且，她还为女儿选了文科班，并对女儿未来的学业和职业，做好了全盘规划：大学选择法律专业，一直读到硕士，毕业后，女儿先去法院干两年，然后再进一家大型企业的法务部门工作。

听完她的讲述，我内心五味杂陈。我很清楚，这位朋友的决心和信念非常坚定，对于我的任何建议，她恐怕都难以听进去。因此，我选择了沉默，只是默默地为她的女儿送上最真挚的祝福，希望她能在父母的期望中找到属于自己的幸福。

不可否认，她是一位极具责任心的母亲，她对女儿的大小事务都倾注了无数心血，以确保女儿能站在更高的起点上。她的这种付出，无疑体现了她对女儿深沉的爱和期待。同时，我也赞同，让孩子站在父母的肩膀上看世界。

对于有格局、有能力、有人脉的父母来说，他们确实有能力为孩子铺设一条看似光明的道路，让孩子在成长过程中拥有更多的资源和机会。这也是父母应该做的。

然而，在我看来，这位妈妈对孩子的成长缺乏足够的耐心和信任。她过于担心孩子的每一个选择和决定，害怕孩子走错一步就会导致未来的失败。这种过度的焦虑和期待，会让孩子感到压力重重，也可能导致亲子关系的紧张。

即使她的女儿已经拥有了许多优秀的品质和才华，但她仍然对孩子有着不满和期待。这种心态无疑会让孩子感到自己的努力永远无法满足母亲的要求，进而产生逆反心理。特别是母女关系已经出现裂痕的情况下，她仍然坚持要求女儿更加努力，一定要考取人大附中，这无疑给孩子施加了巨大的压力。

我心中充满疑问，不禁想要与她深入探讨：北京有那么多好高中，难道真的只有进入人大附中，孩子才能拥有美好的未来吗？考取人大附中，是孩子的真实愿望，还是母亲过高的期待和执念呢？同样，在为女儿选择法律专业时，母亲是否真正考虑了孩子的兴趣和热爱，还是仅仅基于自己的理性分析和判断？

这位妈妈对女儿的全盘安排，虽出自深深的关爱，但可能无意中限制了孩子独立思考和成长的空间。在传递自己的价值观时，她可能会不自觉地剥夺孩子自主形成世界观的机会。如果孩子完全接受了母亲的思维方式，那么，她的成长可能会局限于母亲的格局和视野。

诚然，父母都希望为孩子选择最好的道路，但问题在于，父母未必总能洞察何为真正对孩子有益的。他们的某些行为，虽出于关爱，却可能无意中扼杀了孩子的创造力和自我探索的勇气。

当父母基于自己的判断，为女儿做出种种选择和全面规划时，我们必须反思：这究竟是引领女儿走向幸福之路，还是无意识地操控了她的人生轨迹？

如果女儿全盘接受了这些安排，是否意味着她已将人生的主导权完全交到了父母手中，让父母承担起所有选择带来的后果？

但更为关键的是，我们需要思考：这种被安排和被操控的人生，是否真正符合女儿的内心愿望？她是否会因为这些安排而感到真正的幸福和满足？

我坚信，孩子在每个成长阶段都应承担相应的责任，并充分体验其中的快乐与幸福。一个人的成就感，正是源于他一生中各个阶段经验的累积和情感的体验。唯有让孩子真正感受到快乐与幸福，他们才能在做事时充满信心。同时，我们要相信，孩子有能力做出最适合自己的选择。

若我们不顾孩子的意愿，为他们规划好一切，这无疑是在剥夺他们面对"不确定性"的能力。父母或许期望用自身的经验和格局，精准地将孩子塑造成心中理想的模样。然而，孩子未来将要面对的挑战和"不确定性"，是我们无法预知的。如果孩子缺乏对生活的掌控感，没有应对变化的能力，那么，他们的人生和生活质量又将如何呢？

因此，真正的父母之爱，应是在孩子年幼时，给予他们无微不至的关怀与照顾，而当他们逐渐成长时，父母应得体地退出，给予他们足够的空间去探索世界。过度干预和"揠苗助长"式的教育方式，以及父母对孩子人生的"全盘规划"，会阻碍孩子的成长，甚至毁掉他们的人生。

在这个阶段，父母应多些耐心和信心，去倾听孩子的声音，理解他们的需求和想法，顺应他们的成长节奏，尊重并支持他们的选择。让我们静待花开，给孩子成长的时机，相信他们终将绽放属于自己的光芒。

父母怎样才能对孩子保持耐心？

身为家长，我们可能面临一个共同的挑战：不是我们不想对孩子保持耐心，但看到他们的所作所为，就会让我们心生怒火。那么，当孩子的行为真的触及我们耐心的底线时，我们该如何应对呢？

耐心，确实是每位父母在育儿路上必须修炼的宝贵品质。以下是我的两点建议，希望能对你有所帮助。

首先，父母要试着让自己慢下来

父母不妨回想一下，孩子的哪些行为，常常让你失去耐性？写作业时的拖延，吃饭时的慢慢悠悠，粗心大意，沉迷于手机，还是把家里弄得一团糟？

那我们再思考一下：这些行为，真的到了无法容忍的地步吗？在我看来，小孩子犯错、闯祸，身上有各种毛病，都是正常的。如果你要孩子改正错误，大吼大叫发脾气，只会让孩子感到恐惧和迷惑，况且，他们根本就不知道自己错在哪里。

相反，冷静而平和的态度，是有效沟通的前提。父母在情绪即将失控之前，先让自己冷静下来，调节好情绪，再与孩子进行对话；如果坏情绪来了，没法压下去时，不妨暂时回避，等情绪稳定后再来解决问题。

以我个人经历为例，我曾是一个容易对孩子失去耐心的母亲。每当看到小有回家就看电视，不去写作业，我便会不由自主地催促他写作业。而当看到家里被他搞得一片狼藉时，我的情绪就会很崩溃。周末，全家人去爬山，我会急吼吼地催促小有快点出发。

小有刚升入初一那年，有一次全家计划去奥森公园游玩。当时，我又像往常一样，催促小有和小有爸爸快点出门。

小有用他稚嫩的声音对我说："妈妈，您为什么总是这么着急呢？全家人一起出去玩，应该是一件让人开心和放松的事情，可您总在那儿催个没完，搞得我对出去玩都没了兴致。"

小有的这番话点醒了我。是啊，为什么我总在催促孩子呢？难道出去玩，也要有这么强的时间观念吗？我开始深入反思，回想童年，我就是在这种催促中长大的。我的父母都是急性子，每次全家准备出门时，他们总是早早地准备好，然后开始不停地催促我们姐妹三个快点，总嫌我们磨蹭。那种紧张的氛围和催促的声音，仿佛成了我成长过程中的一种烙印。我意识到，父母的这种急脾气和没有耐心的性格，在不知不觉中被我模仿和继承了。

同时，我还意识到，由于工作压力太大，我常常感到焦虑而难以放松。即便是在全家人外出游玩的时刻，我也会带着笔记本电脑，不断处理公务，导致每次的旅行都无法真正投入和享受。我总是在出发前匆忙准备，到达目的地后又急着返回，这种心态让旅行失去了应有的乐趣。

正是因为小有的提醒，我才意识到，我需要调整自己的心态和节奏。于是，我开始逐渐磨炼我的耐性，在感到急躁时，学会深呼吸，感受并控制自己的情绪。每当负面情绪涌上心头，我都会试着告诉自己："孩子慢一些没关系，等一下，别着急。"

我清楚地知道，一个急躁、没有耐心的妈妈，培养出来的孩子，性格上就会有些缺陷。他们可能会模仿我的急躁和焦虑，变得脾气暴躁；或者因为害怕我的不耐烦和责备，变得胆小、懦弱、自卑。为了小有的健康成长，我决心成为一个更有耐心、更加宽容的母亲。

其次，父母要尊重孩子的成长节奏

每个孩子都是独一无二的，他们拥有自己独特的成长轨迹和发展速度。我们不能盲目地按照标准化流程来养育孩子，更不能随意将自家孩子与他人进行比较。要知道，适合自己孩子的节奏就是最好的。

我在本书中曾分享过一个小故事，当同龄的孩子都敢玩滑梯时，小有却迟迟不敢。可就在某个不经意的瞬间，他就敢玩滑梯了，而且比其他孩子玩得还疯。在这个过程中，我们没有采取逼迫的办法，只是耐心地陪伴在他身边，让他自己感受滑梯带来的乐趣。正是这样的陪伴和信任，让小有逐渐克服了内心的恐惧，敢于尝试那些曾经不敢做的事情。

在另一个"不和人家孩子比成绩"的故事中，当小有初中成绩不尽如人意时，我选择尊重他的意愿，没有强迫他参加补习班，而是为他挑选了一位贴心的小家教，陪伴他一起学习。同时，我并未因孩子成绩差而躲避老师，反而更加主动地与老师沟通。在所有人面前，我始终为我的儿子感到骄傲和自豪。

在我们的耐心陪伴和全然相信下，小有逐渐找回了学习的自信，三年后，他成功进入首师大附中中美班，并顺利考取了美国波士顿大学（Boston University）。在大学期间，他一边读书，一边积极参与各种社会实践。如今，小有又在做着特别有挑战的事情，那就是创业。

与小有共同成长的岁月里，我们始终秉持着平等与尊重的原则。我们深知，每个孩子都是独一无二的个体，拥有自己独特的个性、喜好和选择。因此，我们赋予小有充分的选择权，尊重他的每一个决定和意见，从不强迫他做任何不喜欢的事情。

我们尊重他的选择和存在的方式，因为这是他成长道路上不可或缺的一部分。只有当我们真正理解并接纳他的独特性时，才能为他提供最适合他的支持和引导。

高质量陪伴，塑造自信且敢于挑战的孩子

在孩子的成长过程中，父母的陪伴如春风化雨，润物无声，是他们内心最深处的力量源泉。它不仅能够滋养着孩子的心灵，而且能赋予他们面对世界的自信与勇气。

然而，对于许多身在职场或忙于创业的家长来说，陪伴孩子的时间往往显得捉襟见肘。长期出差、工作忙碌，甚至异地分居，都让父母深感焦虑——担心错过孩子成长的每一个重要时刻。他们深知，孩子的成长只有一次，错过了就无法弥补。但现实的压力，又让他们无法时时刻刻陪伴在孩子身边，这让他们陷入了两难的境地。

其实，家长无须过于焦虑。对孩子来说，陪伴并不需要你每分每秒都守候在他们身边，更注重的是陪伴的质量与深度。高质量的陪伴，能够让孩子感受到父母的爱与关注，让他们知道，无论何时何地，父母的心始终与他们紧密相连，为他们提供坚实的支持。这样，即便在忙碌和距离的挑战下，我

们依然能够引领孩子健康、自信地成长。

那么，职场父母如何做到高质量地陪伴孩子呢？

从心出发，做精神上的引领者

我们要明确，陪伴的核心在于质量，而非单纯的时长。

以我家为例，小有从小跟随我们四处奔波，从哈尔滨到许昌，再到北京，其间，我们搬了几次家。2005 年，小有在北京上初中，我在北京开始了创业。

小有爸爸长期在外地工作，而我、小有、小有的姥姥姥爷，我们一起在北京生活。我和小有都对小有爸爸很依赖，虽然我们和爸爸在空间上有距离，但我们的心是在一起的。

我和小有每天都与小有爸爸通电话，说说这一天做了哪些事，分享各自的心情和感受，或者一起讨论个热点话题。这种有温度的存在，让我和小有并不感到孤独，更没有缺失小有爸爸对我们的那份爱。这种心心相印，让我们每个人都能感受到从内而外散发出来的愉悦感。

每当周末，小有爸爸都会回到北京，与我们共度周末时光。我们一起去书店买书，一起去爬百望山，去奥森健走，一起观看央视二套《对话》节目，晚饭后一起散步、聊天，小长假我们全家就去其他城市旅行。

小有写作业时，我就在不远处看我自己的书，或写工作报告。至今我的脑海中都印刻着灯下的那片宁静，以及母子偶尔相视一笑的温馨画面。虽然我们在各做各的事，但那份心灵的充实和家长的陪伴与引领，让小有感受到了成长的幸福和力量。

不过，许多父母错误地将"陪着"等同于"陪伴"。然而，真正的陪伴，远不止于物理空间上的共处，而在于心灵世界的交融与情感的传递。当父母与孩子共处时，应全神贯注，放下手机和工作，全心全意地投入到与孩子的互动中，无论是讲故事、玩游戏还是做运动，做什么都可以。

只要跟随孩子的节奏和感受走，尊重孩子的意愿，就会让孩子感觉到

"此刻我是最重要的，我是被爸爸妈妈深深爱着的"。当孩子沐浴在爱的氛围中时，他们不仅学会了自我接纳与自信，更自然而然地萌生出对他人的关爱与同理心，将这份爱的力量传递出去。

在引导孩子的过程中，父母应少些指导，多些引导。避免在外界的压力与挫折下，将情绪带回家，对孩子发泄或责骂。一些父母在外面被别人指手画脚，回到家里就要补偿自己，在孩子这儿找自信。他们会为了一点小事儿，变得怒不可遏，吼叫、责骂孩子。

那些经常被父母吼叫、责骂的孩子，会陷入自我否定的泥沼，觉得自己"不够好""一无是处"。这种自卑感，会限制他们的想象力和尝试的勇气，让他们变得胆怯和退缩。

长期缺乏高质量陪伴的孩子，他们的情感需求得不到满足，会对性格和心理造成严重的负面影响。

我再讲一个特殊事件。更换生活环境，会对孩子造成什么影响？

搬家这种事，对孩子来说，其实，就是一场离别。孩子要告别那些曾经熟悉的小伙伴、同学、老师，还要告别那些曾经给自己带来过很多快乐的玩耍场合，以及要告别自家"爱的小屋"。这些熟悉的人、物和环境，让孩子有了安全感和归属感，体验到被爱的感觉。因此，当孩子面对陌生环境时，他们会感到不安和焦虑，甚至产生应激反应，导致适应困难。

在我们家庭经历多次远距离搬家时，我格外关注小有在新学校的人际关系建立、心理情绪的稳定，以及学习压力的调适。

我会主动为他创造一个良好的环境，三天两头去学校，与小有的班主任及各科老师沟通，向他们介绍我们的经历，让老师知道我们是特别爱孩子的，我们关心孩子的学习，更关注孩子的心理健康，以及在学校是否快乐。

小有初入北京的学校，又是小升初的转折期，他在学习上很长一段时间都跟不上，考试成绩不好。我会带着小有的作品，如他的画、他的小制作、他写的小作文，与老师分享他的才华和潜力。我会和老师说："小有是个聪明、有才华的孩子，经过一段时间适应和调整，小有的学习成绩一定会有进步。作为家长，我们会帮助他，也请老师给他更多的关注和鼓励。"

我分享这段经历，是想告诉大家，每件事情都具有两面性，像搬家这件事本身，如果家长能够处理好，对孩子开阔视野、增强适应力和人际交往能力，是很有益的。若处理不当，则可能会引发孩子的心理焦虑和人际关系困扰。

所以，每次搬家，我们会提前很长时间和小有讨论搬家的事情。让他知道我们为什么要搬家，爸爸妈妈将开始什么新的事业，我们会向他描绘新城市和新学校是什么样子的，我们会和他一起，买很多卡片，让小有给最好的朋友、同学、老师写卡片。通过卡片，把他们在一起时的美好时光记录下来。就连我家街角我们常去的小蛋糕店，我们全家都会一起去和老板道别，感谢他们的美味甜点，为我们生活带来的甜蜜。

这种与老地方温暖的告别，就是与下一个地方的美好相遇。这种生活方式，培养了小有用全球化视角看世界、理解世界，与这个世界连接。我们坚信，看过世界的孩子，一定会有梦想、有远方。

创造家庭仪式感，不错过孩子的重要时刻

仪式感，如同点亮生活的魔法棒，让每一个平凡的日子都熠熠生辉。这些仪式，不仅能增添生活的情趣，而且能在孩子的心中播下爱与温暖的种子。

我们家非常注重仪式感。小有每天一进家门，就会大喊一声："我回来了！"家里的所有人，都会带着满脸笑意，走到门口迎接他，仿佛我们在迎接一个打了胜仗的大将军。

同样的，当我下班回家时，走进家门，也会冲着屋里大喊："我回来了！"小有也会来迎接我，我会和他拥抱一下，然后去卧室换衣服，小有就去做他自己的事情了。

小有平时放学都是姥爷接，如果哪天我有时间，在没有任何约定的情况下，我会突然出现在学校门口，他看到我，就会特别高兴地跑向我。我接上

他，一般情况下，不会急着回家，我们会去超市挑选他最爱的零食，或是去实现他心心念念的小愿望，比如，去买他最喜欢的"奥特曼"。这样的陪伴，简单却温馨，让小有感受到无比的幸福与满足。

孩子的每一个重要时刻，我们都共同度过。无论是他第一次学会走路、开口说话，还是每年的生日、儿童节，我们都会陪伴在他身边，为他送上最真挚的祝福。学校的活动，我们更是全力支持，无论多忙多远，都会尽量参加，让小有感受到我们对他的重视与关爱。

面对升学的重要时刻，我们更是全力以赴。就像美国大学录取前的SAT和AP考试，小有在北京、广州、香港都参加过，常常是我和小有爸爸一起陪着儿子去考试，就算我缺席，爸爸也一定会去，因为爸爸在场，小有就感觉心里很稳。也许真的是爸爸的定力起到了作用，平时成绩平平的小有，每逢大考，都能超常发挥。而小有的SAT和AP成绩，不仅顺利达标，AP数学还考出了满分。

在申请大学的过程中，很多家庭都会选择请留学中介机构帮助写材料，我们也找了北京一家名气很大的留学中介机构，但他们只是辅助我们，申请材料都由我们亲自动手整理。小有爸爸认为留学机构撰写的申请文书太千篇一律，无法凸显小有的独特之处。于是我们决定每篇材料都自己写，让每一份材料都充分体现出小有的个性与才华。

小有爸爸在升学方面有着独到的见解，他和小有一起，从众多学校中筛选出八所心仪的学校，并深入研究每所学校的特色和录取偏好。他们精心撰写的申请材料，不仅展示了小有的学术实力，更凸显了他的个人特长和独特魅力。

在这个过程中，我参与不多，只是作为观察员，偶尔给他们一些建议。我常常在深夜醒来，看到父子俩仍在灯下奋战，看着这两个男人的背影，我心里感到无比的踏实和幸福。

用高质量的生命状态去影响孩子

在孩子漫长的成长之路上，父母是他们最早的启蒙者，更是他们心灵深处永不熄灭的明灯。若想让孩子茁壮成长，父母的首要任务是成就自我、珍视自我、享受每一个生活的瞬间。真正的教育，并非要求父母倾尽所有时间和精力陪伴孩子，而是要我们活出自己的精彩，经营好自己的人生，成为更好的自己。因为，唯有父母活出高质量的生活状态，才能以积极、正面和榜样的力量，深深影响孩子，引领他们走向更加美好的未来。

作为妈妈，我们不是无所不能的超人，也会有疲惫和力不从心的时候。当一天紧张的工作结束后，面对孩子，我们可以坦诚地表达自己的感受。比如，我们可以说：

"亲爱的，妈妈今天工作有点累，想休息一下，你可以自己先去玩会儿吗？"

或者，当晚需要处理工作时，我们可以告诉孩子：

"宝贝，妈妈今晚有些紧急工作要处理，可能不能陪你读书了，你可以尝试自己读那本你喜欢的书吗？"

孩子的心灵是敏锐的，他们渴望的不仅仅是陪伴，更是那份来自父母内心的关爱和尊重。对他们来说，真正有意义的陪伴，并不是简单的"你在我身边"，而是深层次的"你在我心中"。

当妈妈因身体或情绪状态不佳，或者需要加班，实在没有精力陪伴孩子的时候，不必感到内疚，不用强求自己，先调整好自己的状态，以更饱满的精力去陪伴孩子，这样的陪伴才能真正滋养孩子的心灵。

孩子可能会短暂地感到失落，而你也许会有"愧疚感"的闪现。每当这个时候，你可以告诉自己：我是爱孩子的，孩子对于我是第一位的。今晚没能陪孩子，并不会改变我对孩子的爱，也不会影响我作为一个好妈妈的自我认同。

一个连自己都照顾不好的人，很难全心全意地关怀孩子。当你累得要死，回家还要强迫自己陪孩子时，这种压抑的情绪最终会以其他方式爆发出来，反而会对孩子造成认知上的困扰。因此，学会温情地拒绝，反而更有利于孩子的成长。

无论工作和家庭有多少事情等着父母处理，我们都要留出一些时间给自己，以释放压力。当父母开始关注自己的需求，接纳并爱护自己时，身体和心理，都会慢慢调节到最佳状态，这样你的内心才能充满爱的能量，并将这种能量传递给孩子和家人。所以，真正的陪伴，是既能滋养他人，也能滋养自己。

多爱孩子，让他拥有一颗富足的心

在快节奏的现代社会里，孩子往往承载着家庭、学校，以及社会的多重期待。他们被驱使不断追求高分、名校和理想的职业，但这些过度的期待常常化作心灵的枷锁，限制了他们的幸福感和自由发展的空间。

然而，那些内心富足的孩子，却截然不同。他们拥有坚定的自主意识和清晰的自我认知，能够坦然面对外界的压力和期望。他们更专注于内心的满足和幸福，而不是追求外界的认可和奖励。

因此，家庭教育的一个重要目标，应当致力于引导孩子培养一颗富足的心。这意味着我们要教会他们如何自我探索、自我实现，而不是让他们活在别人的期待中。只有这样，孩子才能真正地成长为独立、自信、有爱心的人，拥有属于自己的幸福和成功。

丢掉条条框框，给孩子选择的自由

童年，作为人生的起始篇章，具有无可替代的重要性。这一阶段，孩子正逐步塑造着个性，探索着世界的奥秘，并努力寻找真正的兴趣和未来的方向。

这个时候，父母作为孩子成长的引路人，给予孩子自由选择的权利是至关重要的。这不仅仅是对孩子独立个体地位的认可，更是一种无声的尊重与信任。

当父母允许孩子根据自己的喜好和兴趣做出选择时，实际上是在鼓励孩子勇敢表达自我和探索内心世界。这种尊重，既有助于父母更加深入地了解孩子的需求和期望，又能够让孩子感受到自己的价值和能力，从而逐步建立起坚定的自信心。

因此，作为父母，我们应当学会适时放手，给予孩子更多的自主权和选择权，让孩子在自由的天空中翱翔，去追寻他们的兴趣和梦想。这样，孩子的潜能会更大程度地被激发，他的内驱力才会被唤醒。

在我与小有的相处中，我始终坚守着以下几个原则，引导他健康、自信地成长。

■ 包容孩子的创造力

当小有拿起画笔，在我们家的墙上画画时，我选择了包容和接纳。因为我认为，一面墙纸的整洁，远远比不上孩子对绘画的热情和创造力。因此，我选择了放任他的创造力自由流淌，不让任何形式的束缚限制他灵感的飞翔。

我坚信，这样的包容，将是他艺术道路上最宝贵的滋养。

■ 尊重孩子的意愿

在小有的学习过程中，我尊重他的选择和节奏。他是否愿意做课外练习册，是否参加辅导班，都由他自己决定。所以，小有享受了一段没有练习册和辅导班的快乐童年。

因为我不想把自己的意志强加在孩子身上，不想强迫儿子做他不喜欢的事情。同时，我也让他学会为自己的选择负责。

■ 不干涉孩子的社交

小有选择和谁交朋友，完全是他自己的自由。我相信，他有自己的判断力和选择能力，能够找到真正适合自己的朋友。我从不强求他去喜欢某个老师或特定的社交群体，因为我知道，每个人都有自己独特的个性和喜好。

同时，我鼓励他保持开放的心态，接纳不同背景、不同性格的人，从中汲取多元的视角和丰富的经验，以拓宽自己的视野和人际网络。

■ 支持孩子的选择

在小有面临重要选择时，我始终给予他坚定的支持。小有高中的最后一个学期，学校组织 AP 考试。根据小有平时的成绩，老师建议小有 AP 微积分，选择难度低些的 ab 卷，而小有很执着地选择了难度较高的 bc 卷。我对他的选择，给予了支持和鼓励。结果，小有竟然得了满分。

这说明目标的重要性，他自己设定的目标，越有难度，越能激发他战胜困难的勇气，并取得超预期的成果。

■ 信任孩子的自主性

小有在高中最后阶段、备考美国大学时，不想在学校听老师讲课，他想按照自己的计划和节奏在家自学，我接受了他的选择，并替他向学校请了假。因为，我相信小有能自主地安排好学习时间。

在大学期间，小有选择了艺术史专业，我虽然知道这个专业充满挑战，就业前景极不乐观，但我仍然毫不犹豫地支持他。因为我相信，他有足够的勇气和决心，去承担自己选择所带来的后果。我坚信，只有热爱，才能专注；只有专注，才能学得更好。

总之，在我看来，孩子的成长不应成为父母的"面子工程"。但遗憾的是，这种现象在现实生活中屡见不鲜，这无疑给孩子带来了沉重的心理负担。以下是几个常见的场景及其背后的影响。

场景一，强迫孩子向人问好

一些妈妈和孩子，在见到爷爷奶奶或是叔叔阿姨时，妈妈一定会要求孩子向长辈问好，如果孩子很乖巧地照做，妈妈就会很开心。如果孩子扭扭捏捏、支支吾吾，不肯问好，妈妈就会很生气，觉得自己很没面子。

这种心态，不仅忽略了孩子的感受，还可能让孩子觉得自己的存在，只是满足父母的期望，而非作为一个独立的个体，得不到应有的尊重。

场景二，逼迫孩子表演节目

在家庭聚会或朋友聚餐时，小孩子往往会被大人要求展示才艺，比如，唱歌、跳舞、背诵诗词等。对于那些外向且多才多艺的孩子来说，这或许是一个展示自我的好机会。然而，对于那些内向或缺乏特定才艺的孩子来说，这无疑是一种煎熬。他们可能会因为害怕表现不佳而遭到家长的责备，从而进一步加剧内心的自卑和敏感。

所以，一个从小不被尊重，未曾体验过快乐的孩子，难以塑造出健康、阳光的心态。而对于孩子来说，最大的福气，就是拥有懂得尊重他们的父母。这样的父母，从不以居高临下的姿态对待孩子，而是事事都和孩子商量，不忽视他们的情感，更能看见孩子的内在需求，并赋予他们自主选择的勇气。

场景三，逼迫孩子学他们不感兴趣的东西

在成长过程中，孩子可能会面临各种规定和期望。比如，必须学习某种乐器或参加特定的兴趣班等。这些要求，或许能提升孩子的技能，但如果孩子对此并无兴趣，那么，这种强制性的学习，只会让他们感到压抑和不自由，影响他们的学习积极性和创造力。

因此，作为父母，我们应该摒弃"面子工程"的心态，以孩子的成长和幸福为首要任务。我们应该尊重孩子的个性和选择，鼓励他们根据自己的兴趣和意愿去探索和发展。

一个懂得尊重孩子的父母，会给予孩子更多的自由、快乐和成长空间，让孩子能够勇敢地追求自己的梦想，成为自己心目中的理想模样。这样的父母，才是孩子最大的福气。

大胆放手，让孩子敢于去探索

不管在哪个国家，养育孩子的环境和方式都很重要。一般来说，养育孩子的主体，主要分两类，一类是年轻的父母；一类是爷爷奶奶，或者姥爷姥姥。

2024 年的春节，我们在美国度过，我发现一个很有意思的现象：那边养育孩子的主体主要是年轻的父母。工作日里，多数时候，看到的是妈妈在带娃，我猜测她们是全职妈妈。而到了周末和假期，则会有更多的爸爸加入，共同陪伴孩子。对于那些无法全职在家的父母，他们会选择较早地将孩子送入幼儿园。在美国，孩子 1 个月就可以上幼儿园了。

中国的孩子一般都是 3 岁左右才送去幼儿园。在此之前，很多都是爷爷奶奶或者姥爷姥姥帮着带孩子。无论是小区还是公园里，无论是平时，还是节假日，老人陪伴孩子的身影随处可见。

养育主体的差异，会直接影响孩子的成长环境。年轻父母充满活力和冒险精神。在公园里，孩子可以自由攀爬、玩沙、攀岩；在海边，他们可以尽情打球、冲浪，即使孩子摔倒，父母也不会过分紧张。我曾经亲眼看到一个仅 1 岁出头的小女孩，一个人从高高的滑梯上滑下，她的爸妈在下面接着孩子。那一刻，我看着都觉得害怕，但同时很羡慕这些年轻父母的胆识和勇气。这种自由的养育方式，无疑会培养出更加活泼、勇敢、富有生命力的孩子。

相反，如果是老人带孩子，则会显得小心翼翼，生怕孩子遭受哪怕一点点伤害。老人往往会对孩子的安全格外小心，不会让孩子去尝试一些有风险的活动，会对孩子的行为施加诸多限制，比如这个不能碰，那个不能做。

我们经常看到这样的情景：

孩子在奔跑嬉戏，奶奶在后面紧张地叮嘱："别跑太快，小心摔倒！"

孩子在路上踩水，奶奶又会急忙呼喊："快过来，别把鞋子弄湿了。"

这样的过度保护，虽然出于对孩子的爱，但长此以往，孩子做什么事都可能会变得畏首畏尾，会逐渐失去对各种事物的兴趣和探索欲望。他们可能会因为害怕失败而不敢尝试新事物，甚至会因为过度依赖父母而失去独立成长的机会。

为了培养内心富足、自信独立的孩子，父母需要学会放手，为孩子提供更多的自主权和成长空间。具体做法可以从以下几个方面着手：

❶ 培育独立意识

父母应鼓励孩子独立思考和自主决策。在家庭决策过程中，父母可以邀请孩子参与讨论，鼓励孩子发表自己的意见和想法，让孩子感受到自己的声音被重视，既锻炼了孩子的独立思考能力、表达能力和决策能力，也培养了他们的责任感和自我价值感。

❷ 鼓励社交参与

鼓励孩子积极参与各类社交活动，拓宽视野，学会与人相处，提升他们的人际交往能力和情商。父母还可以给孩子一些适当的挑战，比如学习新技能、参加竞赛等，这样可以让孩子感受到自己的能力和价值，从而增强自信心。

❸ 教授抗挫技巧

面对困难和挫折时，父母应引导孩子以积极的心态去面对。帮助孩子分析问题，共同寻找解决方案，让孩子学会从失败中汲取教训，培养坚韧不拔的品格。这样的经历，将让孩子更加自信，面对未来挑战时更有底气。

❹ 尊重个人隐私

父母应尊重孩子的个人隐私，不要擅自查看孩子的日记、手机等私人物品。这种尊重将增强孩子与父母的信任感，保护孩子的自尊心和自信心，有助于构建更健康的亲子关系。

在培养孩子的道路上，父母的角色是引导者和支持者，而非主导者和决策者。通过放手，让孩子去探索、去尝试、去成长，我们将培养出内心富足、自信独立的孩子，让他们在未来的道路上更加坚定、从容。

内心富足的孩子，不活在他人的期待中

在这个快节奏、高压力的社会中，许多孩子从小就被赋予了种种期待：父母的期待、老师的期待、社会的期待，这些期待如同一座座无形的山，压得孩子喘不过气来。

然而，一个内心富足的孩子，能够超越这些期待，活出真正的自我。他们如同一道清流，坚定地走出自己的道路。

这些内心富足的孩子，有着独特的魅力。

首先，他们拥有清晰的自我认知

他们清楚自己的优点和不足，了解自己的兴趣和价值观。这种深刻的自我洞察，让他们能够坚定地选择自己的道路，不会因为外界的评价或期待而迷失自我，既不会因为外界的赞美而沾沾自喜，也不会因为一时的挫折而否定自己。

他们深知，自己的人生价值不是由别人来定义的，而是由自己的努力和成长来塑造的。他们明白，每个人都有自己的长处和短处，关键在于如何发挥自己的优势，同时，努力改进不足。

其次，他们内心强大，拥有坚不可摧的信念

面对外界的各种压力和期待，他们能够保持冷静和从容，不会因为他人的评价而动摇自己的信念和追求，因为他们深知，只有坚守自己的内心，才能走出一条属于自己的道路。

这种坚定的信念，让他们在面对困难和挑战时，能够勇往直前，无所畏惧。

最后，他们勇于追求梦想

内心富足的孩子敢于挑战自我、突破限制，勇敢地去追求自己心中的目标。他们不怕失败，不畏艰难，因为他们相信，只有不断努力和尝试，才能实现真正的自我。

这种敢于追梦的勇气，让他们的人生充满了无限的可能和精彩。

综上所述，自我认知清晰、内心强大、勇于追求梦想，这三者相互交织，构成了内心富足孩子的核心特质。正是这些特质，让他们能够超越他人的期待，活出自己的精彩。

适度放手，给孩子自由成长的空间

如果说世界上的爱，大部分都是跨越山海，奔赴彼此。那只有一种爱，是为了分离，那就是父母之爱。

从孩子两岁起，他们的自主意识便如嫩芽般悄然生长，渴望独立探索这个世界。此刻，作为父母，我们应在确保安全的前提下，鼓励他们去尝试、去实践，让他们在做中学、学中做。

随着孩子长大，父母的角色也需要逐步转变。不仅要培养他们日常生活的自理能力，更要重视他们的自主学习能力、独立思考能力、决策能力、解决问题能力以及责任感的培养。这样，他们才能在未来的道路上更加独立自信地前行。

这个时候，父母要学会适时放手，逐步减少对孩子的控制和干预，给他们更多空间去选择、去尝试、去犯错。同时，在每个成长的阶段，给予他们必要的支持和指导，确保他们能够成为独立自主，并且拥有自信的人。

当然，我们也会看到一些父母将孩子视为生活的全部，甚至充当了他们的"全职保姆"。这种无微不至的照顾，虽然出于对孩子的爱，却无意中剥夺了他们独立成长的机会。这些父母在日常生活中，不愿让孩子承担任何家务，并在决策时常常替孩子作出选择，几乎进行全面控制。

这种做法，或许能给孩子带来一时的便利，但从长远来看，却可能让孩子长大后缺乏独立性和自主性，成为所谓的"巨婴"，心理年龄永远也长不大，难以独自应对社会的挑战。

作为父母，我们总是希望为孩子提供最好的一切，但真正的爱，是学会适时放手。我们需要认识到，替孩子做他们本可以自己完成的事情，实际上是在剥夺他们学习和成长的机会。因此，我们应该尊重孩子的个性和意愿，相信孩子具备处理问题的能力。

放手并不意味着放任，而是我们对孩子的尊重和信任。我们应当鼓励孩子独立思考、自主决策，让他们在独立探索中实现自我价值。这样，孩子才能更加自信地面对未来的挑战，成为独立、自主、有责任感的人。

放手，才是对孩子最好的爱

你有没有发现一个现象，到了青春期的孩子，每天吃完晚饭都会躲进自己的房间里，不喜欢父母有事没事都踏进自己的房间。有的孩子干脆把门锁上，让父母无法进入。

对于那些习惯了为孩子打点一切的父母来说，面对孩子的这种行为转变，可能会感到一些失落。但这其实是孩子渴望独立和自主空间的一种自然表现。同时，他们以这样的行为在向我们宣告，他们对隐私权是有所诉求的。

因为，随着孩子进入青春期，他们的身体和心智都在迅速成长。在心理上，他们的自我意识逐渐增强，渴望独立，寻求与父母保持一定的距离。

如果父母希望在这一阶段与孩子建立更为深厚的亲密关系，那么，彼此尊重就显得尤为重要。适度放手，允许孩子拥有自己的独立空间和隐私，是建立这种亲密关系的关键。同时，父母也应对孩子的隐私保持适当的心理边界感。

正如周国平所说："分寸感是成熟的爱的标志，它懂得遵守人与人之间必要的距离，这个距离意味着对于对方作为独立人格的尊重，包括尊重对方独处的权利。"

但对孩子放手，并不代表对孩子放任不管。而是孩子不需要，就不要强行靠近；当孩子有需要时，父母要第一时间给予支持和帮助。总之，就是给孩子足够自由的空间，让孩子去探索、发挥和犯错。只有这样，孩子才能飞得更高更远。

在这里，我讲一个著名的"鱼缸法则"的故事吧。美国某个大公司的纽约总部，在办公室门口放了一个漂亮的鱼缸，鱼缸里养着十几条热带鱼。两年过去了，小鱼们似乎没有长大，个头依然仅有三寸长。

有一天，董事长的小儿子来到公司，玩耍时不小心将鱼缸推了下来，鱼缸碎了。人们急忙捡起小鱼们，想给它们找个新家，恰好发现院子中的喷泉，可以作为小鱼们暂时的容身之所。

两个月后，公司置办了一个漂亮的新鱼缸。当工作人员去喷泉边捞鱼时，惊奇地发现，那些鱼竟然已经从三寸疯长到了一尺。

小鱼快速生长成大鱼的原因，是因为喷泉要比鱼缸大很多。这就是"鱼缸法则"的故事。孩子的成长也深受所处环境的影响。所以，要想让孩子得到真正的成长，就必须让他们跳出我们为他们精心打造的"小鱼缸"——舒适但有限的环境。

为了让孩子获得更全面的发展，我们应该勇敢地放手，让他们独自去体验生活中的多元和挑战，去更广阔的世界里探索、发现和历练。这样，他们不仅能够锻炼出更强健的体魄，而且能在挑战中挖掘自己的潜能，取得更大的成就。

反之，如果我们一直紧抓不放，孩子就可能被我们精心设计的"鱼缸"所束缚，他们的天赋和才能也会因此受到限制，无法充分发挥。

留在美国还是回国，我们没有答案

这个鱼缸法则，我们也应用在了小有身上。2011 年，小有在美国上大学，大学毕业后，就留在了美国工作和创业，至今已经 13 年。有的亲戚朋友常常询问我："你儿子是留在美国，还是回国发展？"

对于这个问题，我无法给出确定的答案，因为没有什么是完美的选择。虽然儿子在美国的发展，给我们带来很多惊喜和心灵的慰藉，但同时也带来了一些问题，比如，家庭团聚变成了一件很奢侈的事情，我们彼此间的照顾和陪伴变得有限，这确实令人苦恼。这些问题让我意识到，孩子越优秀，他们可能会走得越远。但同时，也让我看到，追求成功的路上，有期待和惊喜，也有苦恼和困惑。

面对这种情况，很多家长会感到很纠结，他们既希望孩子有所成就，又不愿孩子离自己太远。有些父母甚至认为，只有把孩子拴在身边，找份安稳的工作，结婚生子，为自己养老送终，才是最好的选择。

而我从未有过这样的纠结，也从未想过要把儿子留在身边。至于儿子在美国还是回国发展，我和儿子都没有明确答案。我们认为，去世界各地都可以，重要的是在哪里有更好的发展机会，哪里能让他更快乐。我坚信，拥有选择的权利，才是真正的自由。

同时，我认为孩子有自己的人生，有自己的轨迹。将这个选择的权利交还给孩子，才是为人父母最大的成熟和智慧。在我们的教育理念影响下，小有的人生从不设限。他现在在美国，但并不意味着他会永远在那里。只要他愿意，他可以随时回到中国，或者去任何一个国家。

小有爸爸也经常和小有讲："不要因为一套房子，或一座城市，就束缚了自己追求更高目标的权利。"

所以，小有现在就有这样的自由度，他想在美国多个城市都有生活体验，还想去法国、英国等其他国家生活，感受不同的文化氛围。现在的小有，很喜欢去一个陌生国家，并享受这种陌生带给他的紧张感和小刺激。只有这样，才能把他更大的热情激发出来。

而且，小有虽然现在在美国创业，但他不会把中国、美国，以及其他国家割裂开。他的创业模式，把中美的优势都充分地发挥了出来，美国做设计做品牌，中国做供应链，通过互联网，在全球范围内销售产品。他未来的蓝图，更是要在世界范围内优化资源配置，打造一个真正的国际化企业。

小有是一个国际化的自由人，他做事不会受到地域的限制。即使在美国这样一个陌生的国度，小有作为一名华人，他也能做到既不自傲，更不自卑，如鱼得水地融入美国社会。

甚至在选择行业上，即便我们所在的新能源是全球最火爆、最有未来的行业，小有也毫无兴趣。他坚定地在自己热爱的新零售行业创业，而不是受到父母所在行业的影响。因为他有他的热爱，他有自己独立的选择。

要成为一个懂得放手的父母

放手给孩子空间，不仅是在物理层面对孩子的最大化放手，更是在心理层面，对孩子给予允许与接纳。

我深知，要成为一个懂得放手的父母是多么重要。以下是我根据亲身经历，总结出的几点建议：

❶ 不要监督孩子写作业

在我小的时候，每当我写作业时，我妈总过来查岗，看看我有没有在认真写作业。我从小就比较有个性，我对妈妈的这种行为，表达了抗议。从此，妈妈不再有那么直接的表现。但我知道，她监督我的神经，一刻都没有放松。

比如，我家有个小阳台，站在阳台上，正好可以望见我的书桌。所以，我妈就有意无意地站在阳台上，向我的房间望去。她用这种隐蔽的方法，毫不放松地实施着对我的监督。我很无奈，心里甚至充满了厌恶。

长大后，我虽然能理解父母对孩子所做一切的良苦用心，并且我也一直和父母生活在一起，他们帮我把小有带大，我很感恩他们，我也在尽心尽力，陪伴他们安然度过晚年，我爱我妈妈，但我和妈妈的沟通，仅限于嘘寒问暖，从未有过深度的沟通。我想，这可能就源于我从小和妈妈之间缺失的彼此信任吧。

现在，尽管我很想和妈妈有一次温暖的心灵沟通，可我妈妈已经认不出我了，这将成为我和妈妈之间永远的遗憾。

❷ 不要偷看孩子的日记

在养育小有的过程中，我始终坚守一条原则：绝不偷看孩子的日记。我明白，日记是孩子内心的独白，是他们倾诉情感、记录成长的私密空间。这些文字，无论喜怒哀乐，都是他们真实情感的流露，是他们独立的体现。

孩子不是我们的私有财产，他们是独立的个体，拥有自己的身体、私人物品和私人空间，这些共同构成了他们的"隐私"。

尊重孩子的隐私，就是尊重他们的人格和尊严。如果我们强行窥探孩子的日记，不仅侵犯了他们的隐私，更是对他们尊严的践踏。

③ 不要过度干预孩子的正常行为

当孩子表现出独立成长的渴望时，作为父母，我们应当学会适时放手，给予他们足够的空间去锻炼和成长。

例如，当孩子想要自己洗衣做饭，想要独自乘坐公交或地铁，想要远行时，我们应当给予他们充分的信任和支持，而不是过度担忧和干预。

我有个亲戚，她的儿子已近而立之年，但她仍然坚决反对儿子在家独立使用煤气做饭。这种担忧源自她朋友的孩子，因独自在家做饭时忘记关闭煤气，结果不幸中毒死亡的悲剧。这个事件在她心中留下了很深的阴影，导致她将自己的恐惧，转化为对孩子的过度控制。

因此，作为父母，我们需要反思自己的教育方式。我们是否真心希望孩子成为一个有责任感、独立性强的人？

如果你的答案是肯定的，那么，我们就必须减少不必要的干预和过度保护，让孩子在安全的范围内自由探索和学习。我们可以提前与孩子沟通好安全注意事项，给予他们必要的指导和支持，但更多的是要相信他们，让他们自己去尝试和体验。

④ 给孩子的生活适度"留白"

这里的"留白"，并非一个抽象的概念，而是可以转化为具体的行动，比如：

（1）墙面创意留白。在家里为孩子留出一面白墙，鼓励他们自由发挥创意，用画笔、贴纸或其他方式，将墙面变成他们个人艺术的展示区。这不仅能激发他们的想象力，而且能培养他们的艺术素养。

（2）时间管理留白。为孩子设计一些可自由支配的时间，让他们能够自主选择自己感兴趣的活动，如阅读、绘画、运动等。这样的留白时间，有助于他们培养自主管理和决策的能力，同时，也能让他们更好地了解自己的兴趣和需求。

（3）行为选择留白。尊重孩子的个性和选择，不要过多地限制他们的行为。在安全的前提下，允许他们尝试新事物，即使失败了，也要鼓励他们从中学习。这样的留白空间，能够让孩子在探索和尝试中不断成长，培养他们的独立性和自信心。

（4）生活决策留白。不要过度包办孩子的生活事务，而是给予他们一些选择的机会，如选择自己的衣服、食物、活动等。这样的留白决策，能够让孩子学会为自己的生活做主，培养他们的责任感和自主性。

5 **给孩子选择和探索的自由**

父母应该尊重并鼓励孩子在日常生活中的选择和探索。具体来说包括以下几个方面：

（1）尊重孩子的选择权。让孩子参与决策过程，比如，在选择衣服、购买物品或阅读书籍时，鼓励他们表达自己的喜好和理由，从而培养他们的审美和决策能力。

（2）鼓励探索精神。允许孩子鼓捣家里的物品和玩具，满足他们的好奇心和探索欲，这既能让他们了解物品的用途和特性，又能培养他们的动手能力和创新思维。

（3）支持孩子的尝试。当孩子表现出对某个领域或活动的兴趣时，父母应表示理解和支持，鼓励他们勇敢尝试新事物，即使孩子在尝试过程中遇到挫折或失败，也要给予他们足够的鼓励和安慰，帮助他们建立自信心，培养他们的韧性。

（4）避免"成绩至上"。父母不应将孩子的成绩作为衡量他们价值的唯一标准，相反，应该尊重孩子自主选择的兴趣和爱好，为他们提供多元的发展环境，在支持孩子追求梦想的同时，也要关注他们的心理健康和全面发展。

第三章

能力是孩子
敢于"顶撞"
的底气

在成长的道路上，每个孩子都渴望展现自己的独特性与力量。然而，这种力量并非一蹴而就，它源于孩子内心深处的勇气，更依赖于一系列核心能力的培养与塑造。

本章中，我们将深入探索"能力是孩子敢于'顶撞'的底气"这一主题，着重剖析商业思维与审美力在孩子成长过程中的不可或缺性。

商业思维，它教导孩子如何从不同角度看待问题，理解价值的创造与交换，从而在纷繁复杂的社会环境中找到自己的定位。而审美力，则是对美好事物的感知与欣赏，它使孩子在追求美的过程中，形成独到的见解与判断。

这两种能力，不仅是孩子未来成功的关键，更是他们敢于顶撞权威、敢于表达自我的底气。

在接下来的内容中，我们将一同探寻这些能力的培养之道，以及它们如何助力孩子在人生的道路上，勇敢地面对挑战，实现自我价值。

谈及商业思维，你会想到哪些

当我们提及"商业思维"时，许多人会立刻联想到"金钱"与"商战"。然而，当我们将这种思维融入家庭教育和孩子成长中时，它便展现出更深远的意义。商业思维不仅仅关乎金钱的积累，更是一种培养孩子独立思考、决策能力和未来竞争力的智慧。

确实，金钱不仅是我们生存的基础，更是我们展现自我价值、实现内心梦想的重要工具。有人说："钱能解决生活当中 90% 的痛苦，剩下的 10%，也可以靠钱来缓解。"我们每个人都渴望赚到钱，渴望拥有属于自己的财富。

然而，我们更应当关注的是，如何教会孩子以合理的方式赚钱、花钱和投资，使金钱成为他们展现自我价值、实现梦想的工具，而非他们生活中的负担。

赚钱并非易事，它需要独特的智慧和才能。我们常说，"想要成为谁，就去学习谁"。在商业领域，这一原则同样适用。若你渴望成为有钱人，那么就需要学习那些有钱人的思维方式和行为习惯，深入了解他们发现机会、把握机会并创造财富的过程。你就会发现，世界上所有的富翁，都有一个共同的特质，那就是他们都非常善于用脑子去赚钱。

商业思维，它不仅仅是关于如何赚钱，更是关于如何管理财富、创造价值的一种思维方式。当你掌握了这种思维模式，你就会发现，赚钱不仅仅是一种能力，它更是一种持续成长和进步的过程。当你不断地努力赚钱，并用这些钱为社会和他人创造价值时，你的个人价值和社会价值将得以充分展现。

然而，在这个复杂多变的世界里，我们常常会遭遇认知的局限。有时，即便我们竭尽全力，也难以对某些事物作出准确的判断。这是因为我们每个人都有自身的知识盲区和经验限制。在这种情况下，你就需要借助在这一领域有相关专业知识和经验丰富的人，来引导你思考。

比如，你是一个年轻人，当你看到自媒体创业如火如荼，众多短视频博主因此获利时，你也跃跃欲试，希望通过创作短视频来赚钱。然而，在决定是否要投身其中之前，你感到困惑。抱着这个困惑，你来咨询我。

虽然我对短视频领域没有那么深刻的理解，对你也并不那么了解。但是，我有一套完整的商业化思维体系。借助这个体系，我可能会引导你从行业趋势、赛道选择、竞争能力以及商业模式设计四个关键维度进行深入分析与考量。

首先，我们将共同探讨自媒体和短视频行业的发展趋势，了解市场的整体走向和潜在机会。这将为你提供一个宏观的视野，帮助你更准确地把握市场的脉搏。

其次，在赛道选择上，我会与你一同分析不同的内容领域和受众群体，找到最适合你的创作方向。我们将关注你的兴趣、专长和受众需求，确保你的内容具有吸引力。

再次，我们将评估你的竞争能力。这包括你的创作才华、内容创新能力、粉丝运营能力等多个方面。通过深入地分析和讨论，我们将找出你的优势和不足，为你制订有针对性的提升计划。

最后，我们将一起设计一套适合你的商业模式。这包括如何吸引粉丝、如何变现、如何实现可持续发展等多个方面。

通过这样的系统化分析和思考，我相信，你能够更清晰地认识自己在短视频领域的优势和机会，从而做出更明智的决策。同时，你也将找到自媒体创业的赚钱之道，实现自己的梦想和价值。

而当你下定决心投身于短视频创作时，行动将成为你实现梦想的关键。不要一直在那里"做梦"，而是勇敢地迈出第一步，开始尝试、实践，并在过程中不断迭代和创新。并且，不要害怕失败，因为每一次的挫折，都是通往成功的垫脚石。只有勇敢地面对失败，你才能在激烈的竞争中脱颖而出。

同样地，财富的积累也是如此，它如同培育一棵大树。起初，它只是一粒小小的种子，需要你倾注耐心与持久的努力去精心浇灌和呵护。只要你持之以恒，不断付出，时间将成为你的见证者，这棵树将扎根、生长，最终枝繁叶茂，硕果累累，为你带来丰厚的回报。

在家庭教育中，培养孩子的商业思维显得尤为重要。这不仅能够塑造他们的勇气和创新思维，更是为他们未来在激烈竞争中立足，打下坚实基础的重要途径。

在这里，我要特别强调，商业思维并不仅仅局限于商业领域，它更是一种普适性的思考方式，能够渗透并影响我们生活的方方面面。实际上，它作为一种通用型的智慧，拥有广泛的应用价值。

商业思维，未来世界的核心竞争力

我们是否应培养孩子的商业思维？这确实是一个值得深入探讨的话题。事实上，从小培养孩子的商业思维，具有极其深远的意义。

如果孩子在孩童时期，没有接受商业思维的培养，他们成年后可能会陷入一种局限，即仅通过传统的工作方式来获取报酬，而缺乏对其他赚钱途径的了解和探索。这种"消费者思维"可能会限制他们的视野和成长，使他们难以适应复杂多变的商业环境。

有数据显示，13 岁之前，特别是 5 ～ 12 岁，是商学教育的黄金时期。在这个阶段接受商业思维的启蒙教育，将为他们未来适应复杂的商业社会，奠定坚实基础。然而，遗憾的是，在孩子的成长过程中，我们往往忽视了商业思维的培养，这成了教育中的一大缺失。

传统的家庭教育路径，往往聚焦于学术成绩和稳定职业，却忽视了培养孩子的商业意识和赚钱能力。这可能导致孩子对金钱和创业持保守，甚至羞耻的态度。然而，要实现个人跃迁，我们必须摆脱纯粹的"消费者"思维，转变为"生产者"和"投资者"。

作为"生产者"。我们需要深入洞察特定人群的消费需要是什么，然后去匹配产品、服务、资源，创造价值，获得收益。作为"投资者"，我们需要找到符合未来趋势、逻辑的个人或企业，然后去孵化、投资，只有这样，我们才能在后期享受到增长带来的红利，实现个人财富和影响力的双重提升。

当我们谈及"商业"和"商业思维"，首先要明确：它们的本质是什么？同时，我们也需要谈一个问题：一个没有从商打算的人，是否有必要培养"商业思维"？其次，对于许多家长来说，他们可能更关心的是：培养孩子的"商业思维"，究竟能为他们的未来带来怎样的影响，意义是什么？

结合以上各种问题，我将与你们共同展开一场深入的探讨，希望能够帮助你们理解商业与商业思维的本质，并探寻商业思维在孩子成长及未来发展中的重要作用。

商业的本质是什么？

商业，本质上是一种"价值的交换"，也就是发现市场中的需求，并有效地满足这些需求。简单来说，赚钱的前提，在于你为他人提供了某种价值。这两者紧密相连，互为因果。

当我们为他人创造价值时，金钱的回报便是对我们付出的一种认可和回馈。因此，理解商业的本质，就是要理解如何通过不断地创造价值，实现自身与他人的共赢。

因此，想要赢得有钱人的青睐，并从中赚到钱，关键在于深刻洞察他们真正需要的"价值"是什么。有钱人的消费逻辑清晰且直接，他们愿意为那些能够解决他们困扰，或节省他们时间的产品或服务买单。因此，我们需要精准地捕捉他们的需求，并提供与之相匹配的价值，这样才有机会从他们那里获得经济回报。

从商业的角度出发，培养发现问题的能力至关重要，甚至可以说它比解决问题本身更为关键。只有敏锐地觉察到潜在的问题或需求，我们才能迅速响应，提供有针对性的解决方案，从而创造价值并赢得回报。

商业思维的本质是什么？

商业思维的本质，是一种对市场机遇的敏锐洞察力，以及将潜在价值转化为实际收益的系统性思考方式。这种思维不仅涉及赚钱和理财的技巧，更是一种全面的综合素养，涵盖了洞察力、决策力、责任感、领导力和创造力等方面。

当我们从商业思维的系统性、创新性和价值导向性这几个核心维度出发，深入探讨其本质时，不难发现这些特质与孩子的培养模式之间的紧密联系。

首先，商业思维是一种系统化的思考方式。它不是关注某个具体的商业问题或机会，而是将商业看作一个相互关联的整体，综合考虑各种因素之间的相互影响和制约关系。对孩子来说，培养他们的商业思维，就是帮助他们建立一种全面、深入、系统的思考框架。这样的思维方式，使他们能够同时从宏观和微观两个角度审视问题，洞察商业世界的复杂性和多样性。这样的思维方式，能让孩子在未来的学习和工作中更具竞争力，更好地适应不断变化的环境。

其次，商业思维是一种创新性的思考方式。它鼓励人们跳出传统框架，勇于尝试新的方法和路径，以创新的思维解决商业问题。在孩子的成长过程中，我们需要特别注重培养他们的创新思维。通过鼓励孩子勇于尝试新事物，敢于挑战传统观念，我们可以激发他们的创造力和想象力，使他们在未来的商业领域中脱颖而出，成为引领变革的领导者。

最后，商业思维是一种以价值为导向的思考方式。它要求我们在商业活动中，不仅考虑自身利益，还要关注如何为社会和他人创造价值。对于孩子来说，培养他们的商业思维，就是要引导他们关注社会和他人的需求，理解商业活动与社会责任之间的紧密联系。通过这样的培养，孩子将学会在追求经济利益的同时，为社会和他人创造价值，成为具有社会责任感和使命感的人。

每个人都需要商业思维吗?

说到商业思维,我们不难发现一个引人深思的现象:论勤奋,中国人无疑是名列前茅的;但论财富,犹太人却独占鳌头。当前,犹太人仅占全球人口的千分之二左右,但在全球亿万富豪排行榜上,却有十分之一都是犹太人。这一成就的背后,正是他们对商业的深刻理解和重视。

犹太人在儿童时期,就开始接触和学习商业知识,并将商业智慧融入生活的方方面面。这种从小的培养和教育,使得犹太人在面对商业机遇时,能够迅速作出判断,并抓住每一个可能带来财富的机会。

相比之下,我们很多人在成长的过程中,更多地被灌输了传统的学术观念,即"要好好学习,将来考个好大学,毕业找个好工作"。这种观念虽然在一定程度上,保障了我们的就业和生活稳定,却在一定程度上忽视了商业思维的培养。

值得庆幸的是,随着时代的演进,我们逐渐认识到商业思维的重要性,并欣喜地看到这种认知的广泛传播。商业思维,已不仅仅是一种思维方式,而是成了一种不可或缺的技能。

拥有商业思维,意味着我们能够以更加宽广的视野审视世界,深入洞察市场的微妙变化。这种能力赋予了我们敏锐的直觉,使我们能够敏锐地捕捉到那些潜在的机遇,从而在激烈的商业竞争中脱颖而出。

为了帮助大家深刻理解商业思维的重要性,我将从企业家、生意人和职场打工者这三类典型人群出发,详细阐述商业思维对他们事业和生活的深远影响。

第一类人群,企业家

对于企业家而言,他们是社会的精英阶层,是创造社会财富的人。所以,很多人想成为一名企业家。但当你立志成为一名企业家的时候,仅凭热情和勇气是远远不够的。优秀的商业思维是他们不可或缺的利器。

企业家的商业思维，直接决定了公司的战略方向、市场定位、产品创新以及盈利模式，这种能力是他们成功的关键标志。他们凭借敏锐的洞察力，能够捕捉市场趋势，发现商业机会，并制订出切实可行的商业计划。

同时，追求利润是企业家的天职。作为企业家，既要为股东创造价值，又要为社会、员工、客户及其他利益相关者创造价值。

在这个过程中，商业思维的作用显得尤为突出。企业家运用商业思维来分析市场、竞争对手和客户需求，从而制定出符合公司发展战略的商业决策。同时，他们还需要通过商业思维来搭建和优化公司的组织结构，提升运营效率，降低成本，以确保公司在激烈的市场竞争中保持领先地位。

正如张维迎老师所言："企业家不仅创造产品，其实也在创造产业，可以说所有人类历史上，对商业和经济的发展做出最大贡献的就是企业家。一个社会的工作机会不是给定的，而是企业家创造出来的。"这句话深刻揭示了企业家在社会进步中的核心作用。他们的商业思维，不仅推动了企业的繁荣，而且为整个社会带来了无尽的活力和机遇。

第二类人群，生意人

当然，企业家毕竟是少数，但只要稍加留意，我们就会发现，身边那些拥有一定财富的人，他们或多或少都涉足商业领域。这种类型的商业，也就是我们常说的"做生意"。

然而，对于做生意这件事，每个人的看法和行动却不尽相同。一些人因经历过生活的艰辛与无奈，每天都在担心钱。又因为没有钱，他们无法承受生活中任何一点波动和风险。所以，越没钱，越不敢冒险，之后就一直在贫困的"牢笼"里转圈。

相反，有些人则不甘于命运的安排，下定决心想做一番事业。他们意识到，只有努力赚钱，才能改变自己的命运。于是，这些人通常会选择从小本生意做起，逐步积累资本和经验。他们勇于冒险，敢于尝试新的商业模式和市场机会，凭借着自己的智慧和勇气，在商业竞争中逐渐崭露头角。

对于后者而言，想要赚钱，学习商业知识和培养商业思维，至关重要。因为，你想要把自己的产品卖给顾客，想给客户提供优质的服务，让顾客愿意为你的产品或服务买单，是一项极具挑战性的任务。所以，你必须锤炼自己的商业思维，才能更好地满足市场需求，实现盈利目标。

生意人的商业思维，主要体现在以下三个方面：

第一，敏锐的商机洞察力

优秀的生意人，往往拥有超凡的洞察力。他们能够敏锐地发现市场中的空白点、消费者的潜在需求，以及行业的发展趋势，从而迅速抓住机会，先人一步占领市场。这种洞察力来源于对市场的深入了解，更得益于他们独特的思维方式和敏锐的商业直觉。

第二，以用户为中心的思考方式

生意人在经营过程中，始终将用户置于核心地位。包括生产什么产品、如何制定营销策略、如何为客户创造价值等，他们都站在用户的立场上去思考和决策。通过深入了解用户的需求和期望，他们能够提供更加贴心、符合市场需求的产品和服务，从而赢得用户的信任。

第三，借势整合与合作共赢的能力

做生意，时常面临各种挑战。当面临客户、资金、人才、技术、供应链等资源短缺时，他们不仅不会退缩，反而能够敏锐地觉察到外部机遇。他们擅长借助外部力量，将各方资源有效整合，形成优势互补，共同面对市场的波动与挑战。

第三类人群，职场打工者

对于那些暂时无法成为企业家或生意人，或者觉得这两种身份并不适合自己的人来说，职场打工者或许是一个更为实际的选择。

在这种身份下，你与公司之间形成了一种基于雇佣关系的价值交换：公司雇佣你，明确你的职责，并支付相应的薪水，作为你贡献智力和劳动的回报。

　　然而，即使身处职场，每个人的发展轨迹也不尽相同。有些人能够迅速晋升，有些人则可能停滞不前。一个很重要的区别在于是否具备商业思维，能否为公司创造更多的收入和利润。

　　在公司中，销售团队和高管岗位，往往享有更高的薪酬。销售团队凭借出色的业务能力和市场洞察力，直接为公司带来经济效益；而高管则通过制定企业战略和领导团队，影响着整个公司的经营成果。所以，不管是现在还是将来，优秀的高管，永远是一种稀缺资源。他们在人力资源市场上拥有极高的价值，是企业发展不可或缺的关键力量。因此，为了吸引和留住这些杰出人才，公司必须构建具有竞争力的激励机制，提供诱人的待遇和发展空间。

　　这些人之所以能够获得如此高的待遇，关键在于他们能够将商业思维与日常工作紧密结合。他们不仅理解企业的运作机制，更能够从中洞察市场机遇，为企业创造更大的价值。

　　除了这两个岗位，专业类岗位也是公司中不可或缺的一部分，这些岗位包括研发、财务、人力资源等。虽然这类工作有一定的专业技能要求，但要想在职场上获得更高的薪酬和地位，仅仅依靠专业技能是远远不够的。你需要将商业思维融入你的工作中，将你的专业能力与公司经营需求相结合，为公司创造更大的价值，你在这个岗位上才能成为那个"更值钱"的人。

　　为了帮助大家理解这一点，我们可以思考以下几个问题：

- 一个只会执行基本人事任务的 HR，与一个能够洞察组织需求、推动组织变革的 HR，哪个更受企业青睐？
- 一个只会记账的财务，与一个能够深入了解公司业务、能为企业提供财务战略建议的财务 BP，哪个对公司更有价值？
- 一个只会编程的程序员，与一个既懂技术，又懂市场，还能够深入理解客户需求和竞品分析的产品经理，哪个更能推动产品成功？

　　答案显而易见，一定是后者。这种差异，并非源于专业技能的高低，而是源于他们对商业的深刻理解和应用能力。

具有商业思维的专业人才，能够更准确地定位自己和自我价值，从而更好地把握机遇、解决问题，并取得成功。他们深知企业运作的逻辑和规律，能够从价值创造的角度出发，为企业创造更大的价值。

因此，无论你在哪个专业岗位上工作，都请务必重视并培养自己的商业思维。它将成为你职场晋升道路上不可或缺的伙伴，助你在竞争激烈的职场中脱颖而出，成为那个"更值钱"的人。

独立思考，像富人一样解决问题

古语有云："天将降大任于斯人也，必先苦其心志，劳其筋骨……"这样的古语，太多太多，似乎都在告诉我们，必须让孩子吃苦，孩子需要一定的挫折磨炼。这也导致，有些父母认为，孩子的生活，一定不能过得特别顺利，好像顺风顺水的孩子，一定会变成纨绔子弟。因此，很长一段时间里，"富二代"成了一个贬义词。

金钱观，深藏在你的潜意识中

我们的金钱观，往往是在不知不觉间形成的，它深藏于我们的潜意识之中，影响着我们对金钱的看法和态度。为了让孩子能够拥有正确的金钱观，我们需要主动挖掘并纠正那些可能存在的错误观念，去打破与金钱之间的无形屏障。

首先，赚钱其实没那么难

赚钱，对于许多人来说，似乎是一件充满挑战和困难的事情。这种观念往往源于我们对金钱的误解和过度焦虑。然而，我们要明白，成功赚钱的首要前提，是坚定的信念——相信自己能够成功。信念的力量是无穷的，它能够激发我们的潜能，让我们在追求财富的道路上勇往直前。

作为父母，我们对待金钱的态度，会直接影响孩子对赚钱难易的看法。

因此，我们应该向孩子传达一个明确的信息：赚钱并没有想象中那么困难重重。当你找到了自己真正热爱的事情，并投入其中时，赚钱也可以变得轻而易举，甚至变成一种享受。同时，我们要告诉孩子，真正的成功，不仅仅在于财富的积累，更在于实现自我价值和对社会做出贡献。

在小有还小的时候，我就告诉他："爸爸妈妈有很强的赚钱能力，在我们能力范围内，我们都会给你最好的。"我从来不会和小有说："爸爸妈妈赚钱很难，养你很不容易。"或者说："这个东西太贵了，我们买不起。"

当小有开始创业的第一天，我就坚定地告诉他："儿子，大胆去做吧，妈妈当你的投资人。投资什么，都没有投资我儿子更靠谱、更划算。"

我曾看过一个电视节目，其中一个男演员分享他的童年经历，他说："从小我的父母总是和我讲，我家里很穷，这个观念深深植入了我的心里，导致长大后，虽然我赚了很多钱，但依然会觉得自己很缺钱。"

由此可见，一个对金钱有正确认知的孩子，往往成长于一个稳定和无忧的生活环境中。在这样的环境下，他们无须因金钱而过分焦虑，可以更专注于自我成长和追求更高的价值。

作为家长，我们应当致力于为孩子营造一种平和的金钱教育环境。这意味着我们要教会孩子，金钱只是生活的一部分，它服务于我们的需求，但并非生活的全部。当孩子不再被金钱的短缺所困扰，他们就能更自由地追求自己的梦想，实现自己的价值。

在我们家，从没出现过"假如你想买一套画笔，你需要拖地1小时换取10元钱"这种事。尽管这种方式，在一定程度上，能让孩子学会珍惜金钱。但我认为，过早地让孩子体验通过劳动换取金钱的过程，可能会给他们带来不必要的压力，甚至导致他们对金钱产生过分追求和崇拜的心态。

我认为，对于金钱的价值有正确认知的孩子，长大以后，即使他面对大量的诱惑，依然能冷静思考，站得住脚，作出遵从内心的选择。这才是"不为五斗米折腰"背后的底气——我见过五斗米，我也知道五斗米的量不少，但五斗米对我来说，远没有骨气重要。

其次，要清楚自己真正想要什么

金钱，只是一种工具，它服务于我们的生活，但绝非生活的全部。我们应当学会成为金钱的主人，理性地运用它，让它为我们创造价值和便利。

我记得小有在美国波士顿读大学时，他和许多中国留学生一样，想要在课余时间做点兼职或者打个零工。比如，去超市、便利店或者中餐馆等地方，做一些服务类的工作，赚一点零花钱。

当他告诉我这个打算时，我反问了他一个问题："你做兼职的初衷是什么？是为了赚钱，还是为了体验不同的生活，或是为了拓宽你的学习领域和视野？"

他沉思片刻后回答："从心底里讲，我更倾向于做一些与我专业相关或是有意义的事情，而不仅仅是为了赚取一些美金。但这样做，我可能会是以'负收入'的状态在工作。"

这类问题，我相信不仅仅是那个时期小有的困扰，也是许多成年人当下正在面临的难题。当热爱的事情，需要持续投入，且短期内难以看到显著的回报时，我们是否还应该坚持？在金钱与爱好的对立选择上，我们该如何权衡？

作为家长，同样会面临这样的选择。当孩子展现出一个似乎没有直接功利价值的爱好时，我们是否应该鼓励他们继续追求呢？

我的回答是："当然要鼓励。在孩子的这个成长阶段，他们最应当享受的是那份无忧无虑地探索和学习的乐趣，而不是过早地背负起生活的压力。作为家长，我们有责任和义务为他们创造一个安全、宽松的成长环境，让他们能够自由地追求自己的梦想和兴趣，体验丰富多彩的人生。这样的经历，将塑造他们独特的个性和价值观，成为他们未来成长道路上宝贵的财富。"

所以，在电话中，我如此回应儿子："小有，我希望你能去做一些开阔视野，或者能应用到你所学知识，或者任何你认为有意义的工作。以你这样的年纪和经历，去找这些工作，可能是义务工作，但是没关系。因为，我认为在这些有价值的工作中，你所学习到的东西，远比你赚取的金钱更珍贵。"

后来，小有选择去波士顿艺术馆担任义务讲解员。他每天热情地向不同的观众滔滔不绝地讲述艺术品背后的故事，尽情展现他的热爱和才华。这份工作，虽然很累，还没钱，小有却乐在其中。他在波士顿艺术馆，度过了充实而有意义的四年闲暇时光。

如今，当我们去美国的艺术馆参观时，小有不仅享有免票待遇，还能带上我和小有爸爸一同免费参观。这是美国对博物馆公益讲解员的特别优待，也是对小有辛勤付出的最好肯定。我们都深感自豪，为他感到骄傲。

此外，在波士顿大学就读期间，小有还成功申请到了去英国实践学习的机会。在英国的三个月里，他一边上课，一边工作，有幸为一位杰出的女艺术家做助理。在这段时间里，他协助女艺术家进行策展工作，参与商务会议和谈判。小有做事的能力和做人的态度，赢得了女艺术家的高度赞誉和喜爱。

小有在艺术馆担任讲解员，以及为英国艺术家做助理的这两段经历，成了他宝贵的财富。毕业后，这些经历为他赢得了美国弗里曼拍卖行的破格录用，使他成为拍卖行第一位没有行业经验的员工。

在拍卖行工作期间，小有每天都能见到价值天文数字的藏品，能见到各种各样的世界富豪。面对这些"大人物"，他之所以能够保持不卑不亢的态度，源于他对金钱的平和，乃至漠然的心态。这种性格，不是一朝一夕能够培养出来的，而是在小时候，家长就要给孩子十足的底气和支持，不哭穷，不制造金钱焦虑，不过分强调钱，让孩子意识到：钱固然有用，固然可贵，但钱只是一种工具。人要掌控金钱，而不是被金钱掌控。如果一生都被金钱所困，追名逐利，从未发现真正的自己，是很可悲的。

另外，我一直向小有强调："一定要厘清获得金钱的逻辑关系，我们不是为了赚钱而去做事，而是应该专注于把事情做好，让经济价值自然而然地随之而来。"

最后，会花钱的人，才是会赚钱的人

我们这一代人，出生于普通的工薪家庭，成长在物资相对匮乏的年代。这使得我们心中或多或少都潜藏着一种"匮乏感"。尤其是我们的父母，这种感受更为强烈。他们总会感到钱不够用，确信自己没有"富贵命"，因此，他们不舍得花钱，总有一种不配得感，爱"哭穷"，过度囤积物品，很吝啬和计较等。

然而，我对于金钱的看法有所不同。尽管我是家中三姐妹里最小的一个，但我从小就比两个姐姐能花钱。我爱买东西，有自己的主见，从不需要别人为我参谋。

正因如此，我妈嘴上总挂着这样一句话："你总是乱花钱，实在是太浪费了。"但我深知，花钱并不仅仅是消费，更是一种生活态度和品位的体现。

我也听到身边人发表类似的观点，"住酒店，不过是睡一觉，住高档酒店太不值了"，"坐经济舱和头等舱，都一样能到达想去的地方，何必花更多钱坐头等舱，那岂不是冤大头吗？"

当然，这些固有的观念，很容易通过家庭和社会环境，无形中渗透到我们的内心，成为我们生命的一部分。但要真正摆脱这种"匮乏感"，我们需要用更积极、更丰富的方式来滋养自己，无论是在精神上，还是物质上。只有这样，我们才能逐渐摆脱旧有观念的束缚，勇敢追求更加富足和美好的生活。

对于小有的"金钱观"，我们始终坚持一个教育理念："会花钱的人，才是会赚钱的人。"商业的底层逻辑，在于满足消费者的需求，因此，要抓住消费者，就必须先成为一个真正的消费者。拥有了好的消费体验，才能让你从消费的逻辑中，找到赚钱的机会和方法。

所以，在小有小时候，从他认识货币开始，我们就会给他一点数额不等的钱，让他自由支配。虽然这笔钱很少，可能只有几元钱，但他会用这笔钱，去买一些诸如玩具、小贴画、棒棒糖之类的东西。

等他长大一些，我们除了日常给他一些零花钱外，还会在逢年过节的时候，给他一笔"大钱"。我们鼓励他用这笔钱出去旅游、购买一双心仪已久的球鞋，或者启动一个项目等。

我还记得，小有初中的时候，他去北京昌平的一个农民工学校做志愿者，他对一个班级的几十名孩子做了家访，了解到这些孩子父母在北京打工所做的工作、家庭的养育环境，以及孩子的学习状况，写出了比较有意义的调研报告。同时，小有还用自己积攒的零花钱，买了很多学习用品，送给一些家境不是很好的孩子。

大家不难看到，当孩子的消费欲望能够经常被满足时，他们通常不会出现过度消费，或者乱花钱的问题。所以，父母应引导孩子理解金钱的来源和价值，让孩子知道金钱是通过努力工作或投资获得的，而不是无限制的资源。并且，让孩子学会区分"需要"与"想要"，帮助他们建立健康的消费观念，让孩子明白消费决策背后的责任和后果。

最后，在引导孩子理智消费的同时，我们更应鼓励孩子进行有意义的消费。当他们有一个明确的目标或梦想时，我们不应因为过度节俭而限制他们的支出。相反，我们应该让金钱成为推动孩子成长和实现目标的有力工具，助力他们实现自己的梦想。

消除对金钱和享受的不配得感

我妈妈是个勤劳善良的女人，她的慷慨和无私，一直深深地影响着我。在我的记忆中，经常有农村的亲戚来我家。有的农村人不太讲卫生，尽管我们三姐妹对这些亲戚有些嫌弃，但妈妈对他们总是好吃好喝地招待，临走还会给他们买好火车票。对于城里的亲戚，过年过节他们都会来我家吃饭，而妈妈也总是会做一大桌子的好菜来款待他们。

妈妈对他人如此慷慨，对自己却总是过于节俭。比如，时刻关注着家里的灯是否关闭；即使天气炎热也不舍得开空调；家里做了大鱼大肉，妈妈总是让我们三姐妹和爸爸多吃，她总说自己更爱吃青菜。对于剩饭剩菜，妈妈总是自己抢着吃掉。当我们提议去餐馆吃饭时，妈妈总会说："外面吃饭又贵又不卫生，自己买点好食材，在家做也是一样的。"甚至我们带妈妈去旅游，妈妈也会说："哪里都差不多，出去也没什么意思，花很多钱，还挺累的。"

这种对金钱的"匮乏感"和"不配得感"，在我妈妈那代人身上普遍存在。甚至，很多人比我妈还要严重很多。

卡耐基曾说过："一个人花钱的样子，决定了他的生活档次。"我虽然在一个节俭的家庭里长大，底色也很节俭。但我和妈妈有所不同，我很小的时候就愿意花钱，也因此更想赚钱。

在大学期间，我就和小有爸爸搭伙做生意。在 20 世纪 90 年代，当一个"万元户"是很了不起的事情。而我们，两个 20 多岁的年轻人，凭借自身的勤奋和才智，赚到了人生的第一桶金。那时，我们家的银行账户，已经有了大几十万的存款。

对于金钱，我有着独特的情感。我热爱赚钱的过程，享受那种通过自己的努力让财富不断增长的快感，然而，我同样热衷于花钱。我坚信，金钱的价值不仅在于积累，更在于如何合理地运用它。因此，我毫不吝啬地将钱花在自己身上，无论是买衣服、做美容、买书、报课程，我都愿意投入。

在生活上，我追求品质，从不将就。即使独自一个人，我也会精心为自己做一顿美餐；每逢节日，我总会为自己挑选一束美丽的鲜花，为生活增添一份浪漫与温馨。

自从有了小有，我们对生活品质的追求更加明确和坚定，我们希望他能从小体验并理解什么是高品质。因此，我们致力于为他营造一个充满爱与温暖的家居环境，让每一个角落都弥漫着家的温馨与舒适。旅行时，我们选择高品质的旅行团和住宿酒店，让小有从小就沉浸在优质服务的熏陶中，体验不同文化、品味各地的精致生活，从而激发他对于美好生活的向往与追求。

同时，我们极为注重培养小有的金钱观和人际交往能力。我们总是叮嘱他，在与同学朋友外出时，要主动买单，无论是餐饮、交通还是门票。

在我们的影响下，小有如今非常注重个人形象和管理。他精心打理自己的衣服、发型和皮肤，总是努力保持最佳状态。他常说："一个人的外在形象，往往是他内心世界的反映。一个连自己都打理不好的人，又怎能经营好生活呢？"

此外，小有特别懂得在特殊的日子里，用礼物传递心意。他会给姐姐买蒂芙尼的小首饰；去朋友家做客时，他会带上红酒或香槟；他还经常给邻居送去巧克力或特色小点心。

在美国，我和他一起去餐厅吃饭，餐厅通常提供四个档次的小费选择，如果是我买单，我通常会选择中间两档的小费，这样既不会显得过于吝啬，也不会过于奢侈。但当小有买单时，只要餐厅的服务令人满意，他总是会大方地给服务员最高档次的小费。

区分资产和负债

当然，在大物件的消费上，小有会区分资产和负债。

对于汽车这种负债类商品，他始终保持理性与谨慎，从不盲目追求高档次。只要安全、适用就好，也不赶潮流。至今，他已经换过三辆车了，前两辆他买的都是状态较新的"二手车"，每辆车开三年及时置换。他选择这样的方式是因为，在美国，三年内车辆保险是全额免费的，而且，三年里，车子几乎不需要维修和保养。然而，当车子使用超过三年，过了保险期，各种问题也会出现，而美国的维修人工成本非常高。这时，他就会用他的车置换新的二手车或新车。美国有这样的规则，二手车再置换，置换价格和当时的买入价格基本相当。小有就是用这种思路，很好地解决了汽车这种负债类商品的使用问题，既实用，又很经济。

然而，在面对资产类产品时，小有的态度则截然不同。比如，买房产，小有的热情就很高。他一边自己享用，一边将其作为一种投资方式。今年，他成功出售了一个小别墅和一间办公室。这两处房产，不仅让他享受了多年的高品质生活，而且在出售后，还让他净赚了几十万美金。

小有对房产价值的判断很是独到。早在 2018 年，他就在加州的长滩买了一套现代风格的小别墅。这套别墅由于有 50 多年历史，好久没人住过，年久失修而显得破烂不堪。而且，不知什么原因，房子走了拍卖程序。

小有很有理财头脑，他坚定地认为这样的房产非常有投资价值。他通过法院的拍卖，用极低的价格，拍下了这套别墅。

值得一提的是，美国房产税很高，但由于这套别墅的购入价格低，相应的房产税也较低。所以，小有实际上以较低的综合成本持有了这套别墅。他不仅在居住期间，享受到了低成本的舒适生活，而且在最终出售别墅时，也获得了相当可观的回报。

小有有个美国朋友，年薪达到 8 万美元，却习惯性地依赖贷款来购买各种物品，从手机、汽车，到支付学费，无一例外地通过贷款来实现。他对汽车的热爱，促使他频繁更换新车，享受着驾驶的乐趣，却也因此背负了沉重的债务。每月的薪水，除了满足日常生活开销外，剩下的钱，全部用于偿还银行贷款，几乎没有剩余的钱用于储蓄或投资。

由于他是小有的好朋友，小有就和他讲资产和负债的区别，告诉他银行扣贷款是怎样的逻辑。小有耐心地向他解释，像汽车这样的物品，从财务角度看，它们实际上是一种负债。这是因为这些物品不仅需要持续投入资金，如保险、维护和汽油等费用，而且它们的价值会随着时间的推移而逐渐降低。而银行贷款的利息，更是增加了负债的总成本，使得债务负担越来越重。

小有建议这位朋友，应该学会控制对负债类商品的购买欲望，特别是像汽车这样的高价值物品。他鼓励朋友重新审视自己的消费观念和投资方式，学会将资金用于更有价值的投资上，更有效地管理自己的财务，实现财富的稳步增长。

与有钱人交朋友

小有在美国时结交了很多当地朋友。在波士顿大学读书期间，因为共同的健身爱好，小有结识了很多身份显赫的朋友，如大学教授、牙医和大企业管理者。

2015 年，小有大学毕业，进入总部位于费城的弗里曼拍卖行工作。两年后，他在加州开始了创业。在这期间，他又结识了一些商业上的朋友。

其中，对小有影响最大的，是一位犹太富豪。我暂且用他名字里的一个字母"T"称呼他为"T 先生"。T 先生从哈佛大学毕业，在美国、欧洲和中国，拥有广泛的产业覆盖，包括实体、科技、贸易和金融等多个领域。T 先生非常富有，作为哈佛校友，他对哈佛有很多捐款。所以，T 先生一直担任着哈佛大学校董的职务。而 T 先生的商业和投资理念，对小有产生了深刻的影响。我拿出几个小例子，具体讲一下：

第一，做企业，永远要"bend knees"

"bend knees"这个短语，一方面，从字面意思来看，它指的是"弯曲膝盖"，这是一种姿态，也是 T 先生经常提醒小有在做公司时应秉持的理念。另一方面，在商业世界中，"屈膝"代表着灵活和适应。它提醒我们，作为创业者，在面对市场、客户和竞争时，我们应随时做好迎接变化的准备。具体落实到业务层面，这种"bend knees"的理念，对我们的启示主要如下：

一方面，业务和商业模式要灵活并进行快速调整

每个创业者在公司成立之初，都会根据自己的洞察和判断，针对某一特定人群，精心设计一款产品或一项服务，从而构建一个赚钱的商业模式。然而，随着公司实际运作的深入，各种变量开始显现：客户群可能会演变，产品可能需要迭代，原有的商业模式可能需要重大调整。在某些极端情况下，创业公司甚至会发现，自己完全转换了"赛道"。

当然，这种变化并非坏事，反而是公司成长过程中的必经之路。它要求

创业者具备敏锐的市场洞察力，能够捕捉到新的商机，同时，深入理解并响应客户需求的变化。只有这样，企业才能在不断变化的市场环境中保持竞争力，并最终找到能够支撑其持续壮大的业务领域。

拿小有的 MH 公司为例。在创业的七年里，他的业务发生了很大变化。他从最初的男士内裤业务起步，经过几次的产品迭代和市场重新定位，最终成功地转变为针对"健身人群"的"运动服饰"业务。在这个过程中，MH 公司的品牌，也逐渐形成了自己独特的价值表达，更彰显出代表美国精神的"硬核"文化。

当创业公司开始走过"0～1"，出现快速成长的"拐点"，其业务和商业模式开始有了阶段性的稳定。但这种稳定并不是绝对的，而是相对的。在一个不断变化的世界里，只有那些能够持续适应并勇于创新的企业，才有可能在激烈的市场竞争中脱颖而出。

另一方面，创业者必须学会抛弃"执念"

几乎每个创业者，从拿到公司营业执照的那一刻起，就像自己有了个"儿子"，他会不受控制地对这个"儿子"投入巨大的资源和精力，越养越有感情。而且，即使自己养出的效果并不好，也绝不允许任何人触碰一下。

这种过度的执念，可能让创始人深陷痛苦，还可能成为公司发展的阻碍，甚至是灾难。我之前就有这种执念。2013 年，全球光伏危机席卷而来，我们公司的早期业务是光伏逆变器，受到光伏危机的影响，公司从"高歌猛进"瞬间"跌入谷底"。

当时，有一家上市公司诚意收购我的公司，我的股东、高管团队和我的家人，都倾向于接受这次并购。然而，只有我一个人坚决反对。正是我的一意孤行，导致公司和我都经历了漫长的至暗时期的煎熬。幸运的是，我们后来转型至储能领域，并抓住了储能行业的爆发式增长机遇，从而走出了困境。

还有一个更悲催的故事。大家都知道，2015 年前后，"共享单车"成为

"风口"，也成为当时最受欢迎的投资项目。那会儿，名气最大的两个品牌"摩拜"和"ofo"作为当时的领军企业，在资本的裹挟下迅速扩张，开始了对市场的抢占。

这两个年轻人创办的"年幼"小公司，像滚雪球一样，被资本裹挟着越滚越大。因此，也让两个年轻人忘记了"初心"。之后的结果就是，充满着梦想的公司走向浮躁，开始疯狂融资、野蛮投放。而两个公司在一决高下的战争中，也迅速走向了崩盘。单车之战，最终只用了两年，便以没有赢家的结局草草收场。

2017 年 4 月，美团收购摩拜，创始人胡玮炜成功套现 15 亿元。而和摩拜齐名的 ofo，因为创始人戴威拒绝滴滴的收购，也不同意和摩拜合并，导致2017 年 9 月，ofo 关闭办公室、裁员、停止项目。戴威本人不仅错失了 30 亿美金被并购套现的机会，自己还成了"老赖"。

如果一个人能放弃"执念"，那效果就完全不一样。比如，做手机的罗永浩，当他放弃做手机，转做直播带货，仅用 3 年时间就还清了 6 个亿的债务。

要知道，做企业坚持"长期主义"是值得推崇的，但创业者也需避免过度的"执念"。如果明知某个方向或目标不可行，还在无谓地坚持，只会导向"悲剧"。重要的是要理解，放弃不是意味着失败，而是基于现实考量的一种明智选择。当你适时地选择放弃时，你才真正拥有"成长型思维"，这将使你能够带领企业走向更加光明的未来。

第二，消费观的碰撞与领悟

几年前，有一次，小有和 T 先生一起去香港参加活动。有一天，他们走进一家爱马仕的店铺，标价 2000 港币一只的碟子映入眼帘。小有不禁感慨："这么昂贵的碟子，使用时万一不小心打碎，岂不可惜？"T 先生却直言："那就说明你目前的财力，还负担不起这么贵的碟子。"

T 先生从这只碟子，接着说到了游艇。他提到一个衡量标准："怎样衡量你可以买一艘游艇呢？那就是你的财力，至少是你要买这个游艇价格的五倍。"

受 T 先生的影响，小有对品牌和品牌消费，有了更深刻的理解。他常常和我说："买名牌，要有买名牌的态度。如果一个人攒了很长时间的钱，咬着牙，买了一个名牌包。他就会不舍得用，既怕磨损，又怕雨淋，那这个包便失去了它应有的价值。只有当名牌成为你生活的一部分，你使用它时毫无负担，这才是真正的享受。"

与 T 先生相处，小有还发现 T 先生的消费观和我们不太一样。T 先生在吃、住、娱乐上的花费，无论多高的价格，他都毫不在意，出手极为阔绰，愿意享受最好的服务。但当他要买一双鞋，而且只是一双普通的耐克慢跑鞋时，他却会犹豫不决，在店里比来比去，最后还是下不了决心，竟然还要拍照发给他太太，让太太帮他作这个决定。

在美国餐厅用餐时，小有也注意到了中美消费行为的差异。美国人每次用餐时，都会点上一杯上等的红酒，哪怕只是独自用餐。而中国人，吃饭点酒的人就比较少见，我们喝酒都是在需要社交的场合。因为，我们将喝酒视为社交的工具，而非个人享受。这种差异，反映了不同文化背景下消费观念的多样性。

普通家庭如何培养孩子的商业思维

在当今社会，商业思维的培养，对于孩子的成长至关重要。这不仅局限于教授他们如何花钱和赚钱，更重要的是引导他们深入理解商业活动背后的社会关系与逻辑。通过领悟人与人之间的交换价值，孩子能够学会如何满足彼此的需求，从而构建"双赢"的合作关系。商业运作的本质在于追求双赢，这是商业思维的核心理念。

在这个过程中，孩子将逐渐学会洞察他人的需求和想法，尊重并考虑他人的利益。他们将在实现自我价值的同时，促进整体的和谐与繁荣。这样的成长经历，将使他们更加清晰地认识到，一切获得都需要付出努力，而一切索取都应基于合理与正当的原则。

一个具备商业思维的人，懂得如何将个人的价值追求与他人的利益相结合，以实现最大化的共赢。这种思维方式，不仅有助于他在商业领域取得成功，而且将影响他们的人生决策和人际交往。

那么，对于普通家庭而言，如何培养孩子的商业思维呢？我有以下几点建议：

第一，阅读商业书籍和成功案例

阅读商业书籍，是帮助孩子了解商业世界的重要途径。通过阅读，孩子们可以接触到最新的商业趋势和最佳实践，从而拓宽他们的视野和思维方式。

例如，我儿子小有在初中时，就看完了财商之父——罗伯特·清崎的《富爸爸穷爸爸》系列财商丛书，以及理财大师博多·舍费尔的《小狗钱钱》。这类财富书籍，这不仅教会了孩子如何像富人一样思考，还让他们学会了如何正确地认识和使用金钱，如何进行理财投资，以实现财务自由。

小有到了高中和大学时期，很喜欢看写品牌及其创始人故事的书。比如，他看了星巴克创始人霍华德·舒尔茨的自传《将心注入》，耐克创始人菲尔·奈特的自传《鞋狗》，以及关于苹果"教父"跌宕起伏传奇人生的《史蒂夫·乔布斯传》等书籍。这些书籍让他深刻体会到，当一个人带着他的使命，将心注入一件自己最渴望的事情时，就有可能获得成功。

除了阅读书籍，小有还经常观看一些商业节目，比如，中央二套的《对话》和美国电视台的《老钱家族》等。这些节目让他更加深刻地了解了商业世界的运作方式和成功人士的思维方式。

第二，对身边商业环境的敏锐感知

商业思维的核心在于"发现商机"，这实质上就是发现并满足人们的需求。因此，我们应积极鼓励孩子观察并思考生活中的点滴细节，尝试从他人的需求中,洞察潜在的商业机会。

我一直注重培养小有对身边商业环境的敏锐感知能力。记得他在初中一年级时,就展现出对商业的浓厚兴趣,经常会有一些有趣的商业点子,比如:设计印有品牌 logo 的创意笔记本、集雨伞与拐杖功能于一体的多功能伞等。

当小有去美国上大学后,他更是结合当地的环境和人们的需求,一发不可收拾地产生了很多创意。比如:开一家精品连锁包子店、针对健身人群制作健康快餐、将艺术家画作融入家居生活等。

第三,参与商业实践活动

孩子们需要多去尝试不同的事情,要敢于折腾,别怕失败。只要是有潜力、风险可控的项目,我们都应该鼓励孩子去试试看。无论商业活动规模大小,只要孩子能够反复实践,并及时总结和反馈,他们都能从中体验到商业的乐趣,领悟到商业的规律,进而不断完善自己的商业思维和技能。

接下来,我分享两个小有参与商业实践的小故事。

故 事 一:小小的橡皮生意

大约在小有小学三年级时,我曾和小有讲过,我的一个女同学喜欢收藏"橡皮"。没想到,说者无意,听者有心。从那以后,每次我和小有去文具店,他都对橡皮格外关注,并精心挑选一些有特色的橡皮,让我给他买下来。

起初,我以为小有只是想收藏"橡皮"。但很快,我发现他有着更深的打算。他找了个带格子的大盒子,按照价钱的不同,把橡皮分类存放,并在每个格子上贴上价格标签。很快,这个大盒子里就装满了几十块价格不等的橡皮。

一天放学回家,小有兴奋地对我说:"妈妈,我今天卖给同学五块橡皮。除去本钱,我赚了 2 块 5 毛钱。"说完,小有就从书包里掏出了一沓钱。随后几天，小有上学时，书包里都会装上几块橡皮，很快都卖出去了，看起来他的橡皮生意还不错。

我给了小有一个信封，让他把卖橡皮的钱放在信封里。小有每卖完一次橡皮，都会盘点一下信封里的钱。他开心地和我说："妈妈，下次再买橡皮，我就有自己的本钱了。"

我对小有人生的第一次商业尝试，给予支持，并对他的这个卖货行为，从商业的角度，带他进行了复盘。

我对小有说："你知道你为什么能把橡皮卖给同学吗？那是因为你发现了这类人群的需求，他们都需要橡皮，而且需要有特色的橡皮。而你的价值，是给他们做了挑选，既省去他们挑选橡皮的麻烦，还省去他们跑文具店的时间和路费成本。而且，你每块橡皮只加了5毛钱，你的这个定价，是他们能够接受的。所以，你成功地实现了与同学的价值交换，他们得到了心仪的橡皮，你则赚取了差价。所以，在这种情况下，你们是双赢的结果。"

故事二：DIY 手串生意

临近大学入学报到，小有在北京潘家园购买了大量精美的珠子和绳子，装满了整个拉杆箱。进入大学后，他利用课余时间，将这些珠子和绳子穿起来，DIY 成了各种风格的漂亮手串。然后，他自己拍照，将手串照片上传到 eBay 平台上进行售卖。

这些蕴含着中国韵味的手串，深受外国友人的喜爱。因此，这个小生意，让小有赚了不少钱，也进一步锤炼了他的商业洞察力和实战技能。

第四，利用身边事，来培养商业思维

最近，我与远在美国读大三的小侄女通电话。她兴奋地告诉我，她即将启程去日本游玩半个月，计划住在日本工作的朋友家中，并请朋友给她做翻译。我一听就觉得这事儿挺有意思，就问她具体怎么打算的。

小侄女和我说："我住在朋友家里半个月，她这半个月的房租由我分摊了。我租个大摩托，带着我的朋友，出去玩和吃饭的钱，都是我来出。朋友帮我做翻译，省去我不懂日语的麻烦和尴尬。"

这种"价值交换"的做法，既满足了她的需求，也给予了朋友相应的回报，是一种双赢的商业思维体现。

有些人可能会质疑，这不就是"功利社交"吗？如果凡事都和钱挂钩，会不会让人和人之间的感情，变得不那么纯粹了？

这实际上是一种"等价社交"的体现。在社交中，每个人都带着自己的需求和资源，当双方的需求和资源能够相互匹配，并产生价值交换时，这种社交关系才能长久而稳定。

相反，如果我们总是单方面地索取而不给予回报，那么，这种关系很快就会失衡。就像小侄女所描述的，如果有人长期在你家吃住而不支付任何费用，这种"白嫖"行为不仅会让你感到负担，也会让友情变得不再纯粹。

所以，我非常欣赏小侄女的做法。她通过"等价社交"的方式，既解决了自己的问题，也给予了朋友相应的回报，这种简单而轻松的社交方式，让双方感到愉悦，还能让感情和友谊走得更长远。她的这种互惠互利、轻松谈钱的态度，正是商业思维在社交中的完美体现。

第五，保护孩子的野心

在探讨赏识教育中，我特别提到了"野心"的重要性，还讲了6岁的小阿姆斯特朗要去月球，这个不切实际的"野心"，被妈妈保护得很好，33年后，阿姆斯特朗真的成功飞上月球的故事。

这个故事告诉我们，孩子天生就是充满野心的，这种野心，大多表现为对事物充满好奇心，想要去探索，以及对成功拥有强烈的渴望。一旦孩子的"野心"受到保护，孩子的潜力和斗志，就会被唤醒。

我的儿子小有，是一名外表谦和，内心却有着野心和傲气的年轻人。自从他创立"MH公司"以来，就立志要将这个品牌打造成为电商领域的"ZARA"。他经常笑着表达："如果全世界只允许一个人成功，那个人一定是我。"他对成功的信心是如此的坚定。

今年春节，我们全家在美国团聚。在一次轻松的闲聊中，小有谈到了他观看的纪录片《老钱家族》。小有感慨道："全球最富有的家族，都有着独特的姓氏，如洛克菲勒、杜邦、福特、沃尔顿、摩根等。而我们'王'姓的人太多了，我的大名叫'王聪'，所以，我想把我的姓改成'C王'。"我立即回应他："那很好啊，那你就是'C王'家族的第一代啦。"

这虽然只是家庭日常中的一段对话，但从这段对话中，我能看出小有对于打造雄伟的"商业帝国"，传承家族荣耀，是充满梦想和渴望的。

因此，我总是尽全力去呵护小有的每一个"野心"，给予他充分的保护和尊重，更给予他100%的鼓励、支持和信任。

第六，父母和孩子共同学习

人们都说犹太人和温州人会做生意，那是因为他们从小所处的环境和身边人的影响。毕竟，一个肉体凡胎的人，不可能不被环境影响。所以，如果父母是生意人或企业家，父辈的言传身教，往往对子女产生深远的影响，这类孩子大多比较容易有商业思维。

商业思维并不仅仅局限于职场或商业领域，它是一种思维方式，更是一种生活能力，不仅孩子需要学习，父母也需要拥有。所以，如果父母没有商业思维，那父母就要和孩子一起学习、共同进步。在这个过程中，父母需要像富人一样思考和解决问题。富人之所以富有，是因为他们拥有独特的思维方式，能够看到别人看不到的商机，能够在困境中寻找到出路。

自主选择，给孩子坚守信念的勇气

在孩子成长的道路上，自主选择如同一盏明灯，照亮了前行的方向。拥有自主选择能力的孩子，他们的人生方向更加明确，更能坚守内心的信念，并勇敢地追求那些真正有意义的事情。

自主选择，并不只是一个简单的选择过程，它更是孩子内心力量与智慧的集中体现。当我们鼓励孩子自主做决定时，我们实际上是在培养他们的独立思考能力、责任感和自我价值感。这样的孩子，在面临人生的重大选择和挑战时，将更有信心、更有力量去坚守自己的信念、追寻自己的梦想。

有自主选择的孩子，目标更清晰

目标，是前行的灯塔，指引我们朝着正确的方向前进。哈佛大学做过一项调查，发现 27% 的人没有目标，60% 的人目标模糊，10% 的人有清晰但短期的目标，只有 3% 的人有清晰且长期的目标。通过 25 年的跟踪研究发现，那 3% 的人，几乎都成了社会各界的顶尖成功人士。

有自主选择的孩子，心里更清楚自己真正想要的是什么。他们往往目标明确，不会纠结于去哪里能买到更便宜的东西，今天穿什么衣服等小事。他们会把眼光放在更重要、更有意义的事情上，比如，自我提升、结交有价值的朋友，积累能帮他们实现目标的资源。他们不仅能够抵挡住那些无关紧要事物的诱惑，还懂得如何投资自己的时间和精力。

既然目标对于个人发展如此关键，那么，作为一名大学生，应该追求怎样的目标？关于这个问题，每个学生都有不同的回答。有的希望确保所有考试科目"不挂科"，通过大学英语四级考试，最终顺利拿到学位证书；有的渴望通过努力学习，能够多拿几次奖学金；还有的希望借此机会，学习更多技能，为未来的职业生涯做好充分准备。

小有的目标，与众不同。2012 年，小有成功被美国波士顿大学录取，一个人提着大大的行李箱去了美国。在大学期间，他并没有把拿高分 GPA，作为大学学习的唯一目标，而是更关注于建立自信心。为实现这一目标，他设定了三个具体而明确的任务。

第一个任务，健身

小有到美国后，被那里随处可见的健壮身影所触动。相比较，他发现国内男生普遍较为瘦弱，戴近视眼镜的人比较多。这种强烈的视觉反差，激发了小有对于塑造健硕身材的强烈渴望。于是，他下定决心，几乎每天都要去健身房，用汗水和毅力雕刻着自己的身体。

不久后，他的努力得到了回报，他练就了一副令人羡慕的"肌肉男"身材。这样的体格，不仅契合了美国文化对健美的崇尚，更使他在日常生活中，成了众人瞩目的焦点。无论他走到哪里，总能吸引无数羡慕的眼光。这些正面的反馈，如同春风拂面，极大地增强了小有的自信。

通过健身，小有不仅在外在形象上获得了自信，更重要的是，他的内心也获得了前所未有的力量感。他深刻感到自己的强大，不再需要任何人的庇护。这种力量感，不仅体现在身体上，更渗透到他的精神层面，让他更加自信、霸气。他敢于展现真实的自己，勇于追求心中的梦想。因为他知道，自己已经拥有了足够的力量去应对任何挑战。

这种由内而外的改变，让小有在美国这个注重实力与竞争的社会中如鱼得水。他的自信与力量，成了他的独特标签，让他在人群中脱颖而出。

受到健身经历的启发，小有决定将自己的热情和经验转化为事业的动力。于是，在加州，他创办了MH服装品牌公司，致力于为健身人群提供个性化的服装选择。他将"硬核文化"融入品牌理念中，鼓励人们追求健康、力量与自信。凭借独特的品牌定位和优质的产品设计，MH在美国众多优秀品牌中迅速崭露头角，成长速度非常快。

第二个任务，英语

小有一直有一个清晰的认知，如果自己不能突破"语言关"，就很难在美国社会立足和发展。所以，他对自己的要求，远不止能流畅地讲英语，更是追求用英语思维、演讲，并深入理解美国文化。

为了快速提升英语能力，小有主动与校内外的美国人建立联系，并选择"艺术史"作为第二专业。中国学生几乎不会选这个专业，因为它既难学，又不好找工作。这个学科，老师几乎不讲，课堂上都是让学生讲，课后还要求学生写有深度的论文。

比如，课堂上，老师拿出一幅画，引导学生就画作展开深入讨论，要求他们阐述画作的历史背景和作者的创作意图。这种教学模式，对学生的考验非常大，尤其是英语表达能力，以及通过大量阅读获得信息的能力。而就是这样一个比较难的学科，小有却学得相当好，并以优异的成绩获得"院长提名奖"。

大学四年里，每逢周末，小有都在波士顿艺术馆做志愿者，为来自世界各地的游客讲解名画，这需要他有专业的艺术功底和超强的英语能力。这份经历，为他毕业后破格进入弗里曼拍卖行奠定了基础。

小有的英语水平，经历了从尴尬到自如，再到地道的蜕变。如今，他的美国朋友都以为他是 ABC（American-born Chinese，意指出生在美国的华裔），这足以证明他英语能力的出色。他能够用英语思维、写作和谈判，完全融入了美国社会。

这种高水平的英语能力，不仅增强了小有的自信，还成为他融入美国优秀社会圈层的敲门砖。良好的沟通是建立人际关系的基石，小有的这种能力，使他能够更自如地与他人交流，进一步拓宽了他的视野。

第三个任务，交友

小有喜欢与比自己年长的人交朋友，他的朋友圈中有教授、律师、医生、商人，还有世界 500 强的精英。我在前面提到的那位犹太商人"T 先生"，便是小有在大学期间交往的一位挚友。正是与这些杰出人士的同行，这些卓越的灵魂为他提供了宝贵的滋养，更成为他人生道路上的引路人和榜样。

尽管我不清楚，小有是如何结识到这些杰出人士的，但我所知道的是，每当有人说华人在美国会遭歧视，融入不了美国圈层的时候，小有总是以坚定的态度回应："无论是在大学还是职场，我从来没受到过美国人的歧视。我们中国人如此优秀，谁敢歧视我们啊？"而且，他会带着一丝得意的笑容，补充道："所有人简直都爱死我了！"

事实确实如此。当小有决定离开弗里曼拍卖行，去追寻自己的创业梦想时，公司的大老板亲自找他谈话，表达了对他的不舍和挽留，并承诺弗里曼的大门永远为他敞开。然而，为了心中的梦想，小有毅然选择了离开。

在波士顿大学的四年里，小有收获了无数人的支持和帮助。这些经历，不仅拓宽了他的视野，也提升了他的格局。他时常感慨，若有机会，定要写一本书，将这四年的宝贵经历记录下来，分享给更多的人。

看到儿子的成长和变化，我深感欣慰。正如纪伯伦在《致我们终将远离的子女》中所言："你可以庇护的是他们的身体，却不是他们的灵魂，因为他们的灵魂属于明天，属于你做梦也无法达到的明天。"

作为父母，我们应该尊重孩子的选择和决定，因为他们往往更清楚自己想要的是什么。而我们并不总是能完全理解孩子所处的时代，以及他们的内心需求。

因此，我们必须认识到，过度干预孩子的决策过程，可能会削弱他们的责任心，导致他们在面对选择时，犹豫不决，甚至对自己的决策能力产生怀疑。这种长期的依赖和顺从，不仅会破坏孩子的安全感，还会对他们的未来发展产生不利影响。

坚定地做自己认为有价值的事情

在《乌合之众》这部作品中，有这样一个深刻的洞见："一旦个体融入群体，其智商就严重降低。为了获得认同，个体愿意抛弃是非，用智商去换取那份让人倍感安全的归属感。"这种从众心理，无疑是群体心理的一种普遍现象。然而，真正的成功者，能在纷扰的世界中，保持清醒的头脑和坚定的自我。

内心富足的孩子，拥有独特的见解和坚定的信念，不为外界所动摇。他们清楚自己的追求和目标，始终坚守自己的信仰和价值观。他们明白，真正的自由，不仅在于随心所欲，更在于有勇气作出符合自己内心真实想法的选择。

智慧的家长深知，培养孩子的独立性和主见，至关重要。他们鼓励孩子勇敢地作出自己的选择，而不是盲目跟着他人。下面，我想分享两个关于坚持自我选择的小故事。

故事一：坚持专业和职业的选择

小有在大学期间，选择了经济学作为主修专业，虽然这个专业看起来与他的兴趣并不完全契合，但他仍然顺利通过了所有考试。同时，他自己选择了"艺术史"作为他的第二专业。最终小有大学本科毕业，获得了双学位。

常规而言，经济学和艺术史专业的毕业生，很难找工作。然而，小有却很笃定地说："我的专业背景，既有经济学的理性分析，又有艺术史的感性洞察，我坚信自己能够找到商业与艺术完美结合的岗位。"

在 2015 年，小有从大学毕业时，他的职业方向已然清晰明确。他坚定地只向几家顶尖的拍卖行投递了简历，对于其他行业，他暂时都不考虑。但是，拍卖行的招聘条件普遍要求至少五年的同行业工作经验，根本不招聘应届毕业生。

但小有并未因此而退缩，他凭借对艺术的热爱和执着，获得了弗里曼拍卖行的实习机会。实习期尚未结束，由于他的优异表现，他被弗里曼拍卖行破格转成正式员工。

从这个小故事中可以看出，尽管艺术史并非主流专业，但小有却将其视为自己的灵魂滋养，并凭借这份热爱和执着，成功地将自己的专业背景与拍卖行业相结合，实现了职业道路上的跨越。

小有深知，每一件艺术品背后，都承载着深厚的历史和故事，他渴望通过拍卖行，让更多人欣赏到这些瑰宝，感受到艺术的魅力。

故事二：坚持创业赛道的选择

小有创业之初，就瞄准了健身人群的需求，选择了一个相对特殊的领域——男士内裤，并为其赋予了"MEAT"这一独特品牌名，以"性感"

为产品调性。

当我带着他的创业项目，去找一位在服装行业有着丰富投资经验的风险投资人时，她直言不讳地给出了否定意见："这个项目肯定不行，客单价低，竞争门槛不高，很难做大。"

听了这样的评价，我内心有些忐忑，担心这会让小有受到打击。然而，当我将投资人的看法转述给小有时，他却表现得异常冷静和坚定。他对我说："我并不认为做高价格的高定品牌更有前途，因为高价格往往意味着小众市场，这样的市场启动难度大，要靠人脉，即使后期成功，也只会成为'小而美'的公司。而一个成功的大品牌，比如耐克，客户群一定是广泛的。

因此，我做 MEAT 男士内裤，虽然客单价比较低，但这个产品，有两个方面决定它是可以做大的。一是在美国，男士内裤的更换频次比较高，客户每次下单几条，甚至十几条很正常；二是我不做线下店。这种互联网销售模式，既保持了我的品牌调性，也意味着我可以面向全世界的客户进行销售，这将是一个更广阔的市场，它有机会成长为大生意。

当然，我前期先聚焦做美国市场，因为这是最难开拓的高端市场，只要我在美国市场能够成功，我的品牌就有了坚实的根基，之后再拓展其他市场，就势如破竹了。"

听到小有的这番论述，我深感钦佩。因为他不仅拥有敏锐的直觉和判断，更展现出他对市场和客户的深入洞察与分析能力。更重要的是，他对自己所追求的事业，拥有的那份笃定和执着，让我为之动容。我很庆幸，他没有被权威人士的观点所左右，而是坚守自己的判断和策略。这份勇气和决心，实属难得。

如何培养孩子自主做决定的能力？

在培养小有自主做决定的能力上，我主要采取了以下几个方面的策略：

1 **把决策权交给孩子**

从小有能理解简单选择开始，我们就逐渐将决策权下放给他。无论是日常生活中的小事，如挑选衣物、选择书籍、结交朋友、上兴趣班，还是更为重大的决策，如选择学校、专业、购房、职业方向等，我们都鼓励他独立思考，自主做出选择。

当然，我们会适时提供建议和支持，但最终的决策权始终在小有手中。

2 **鼓励孩子忠于自己的感受**

我们从不以成绩作为评价小有是否优秀的唯一标准。相反，我们鼓励他追寻自己的兴趣和热爱，忠于自己的感受。我们期望他能成为一个不被外界评价所左右，勇于听从内心声音的人，无须为了迎合他人的期待而压抑自我。

我们尊重他的独特性，不会将自己的意愿强加于他，而是希望他能根据自己的意愿和理想去生活、去选择、去做事。我们希望他明白，不必为了迁就他人，而妥协自己的真实感受。让他知道，只有坚守内心的选择，才能找到真正属于自己的人生道路。

3 **不做"扫兴式"父母**

在培养小有自主做决定的能力时，我们始终避免成为"扫兴式"的父母。相反，我们努力成为他贴心的朋友，保持与他的心灵共鸣。

每当小有分享他的喜悦和发现时，无论是品尝到的一道美食、观看的一部精彩电影、还是一件有趣的物品，我们都会以满心的热情去欣赏，去聆听和体验。我们深知，这些美好时刻，对于他来说意义非凡，因此，我们会用同样的喜悦回应他，让他的快乐加倍地放大。

同样地，当小有面临困惑和难题时，我们也会以极大的耐心，去倾听他的心声。我们努力理解他的感受，站在他的角度思考问题，为他提供支持和鼓励。我们不会轻视他的问题，更不会随意打断他的倾诉，而是会认真聆听，给予他足够的空间去表达自己的想法和感受。

④ 让孩子练习做决定

做决定，是每个人生活中不可或缺的技能，而对孩子来说，这更是一个需要逐步学习和锻炼的过程。刚开始，孩子可能会因为缺乏经验，不敢或不会做出决策。作为父母，我们的角色是成为他们的引导者和支持者。

首先，我们要积极鼓励孩子从小事开始练习做决定。无论是选择今天的午餐菜单，还是周末的活动安排，我们都应该给予孩子充分地表达需求和选择的机会。

其次，我们要尊重孩子的意愿。无论孩子的选择是否符合我们的期望，我们都要尊重他们的决定，并让他们知道，他们的选择是被重视和尊重的。

最后，我们要在孩子做决定的过程中，给予适当的引导和支持。当孩子面临困难或困惑时，我们可以帮助他们分析问题，提供不同的解决方案，让他们学会权衡利弊，做出更明智的选择。同时，我们也要教会孩子承担决策带来的后果，让他们明白，每个决定都会有其相应的责任和挑战。

⑤ 给孩子支持和引导

当孩子站在人生的十字路口，面临选择与挑战时，家长的支持和引导，是他们前行的关键动力。那么，我们应该如何为孩子提供这种支持和引导呢？

首先，我们要在情感上给予孩子坚定的支持。让他们知道，无论遇到什么困难，他们都不是孤军奋战，有我们始终陪伴在他们身边，理解他们的感受，与他们共渡难关。

其次，当孩子面对多个选择时，我们可以引导他们去获得更多信息。帮助他们了解不同选择的潜在影响，包括可能的利弊和风险。这样，他们就能更全面、更理性地评估各种选项，从而建立起自己的决策标准。

最后，我们要让孩子明白，自己说了算的权利，是建立在健康心智的基础上的。一个有主见、敢于担当的人，是通过不断地作决定、承担后果，逐渐成长起来的。我们要鼓励孩子勇于表达自己的观点，做出自己的选择，并且，敢于面对决策带来的结果。

独特的审美力，给孩子大胆创新的勇气

美育，作为培养孩子认识美、热爱美与创造美的教育形式，是塑造孩子心灵世界的关键一环。它不仅仅是关于美的态度和追求，更是对世界独特感知与理解的体现。

在孩子的成长过程中，我们要注重身体上的富养，保障他们物质生活的充裕，更要关注心灵上的富养，通过培养帮助孩子开阔视野、增长见识，让他们的心灵得到充分的滋养。美育，正是实现心灵富养的重要途径之一。

蔡元培曾深刻指出："美育之目的，在陶冶活泼、敏锐之性灵，养成高尚纯洁之人格。"在一个充满"美"的环境中生活，孩子更容易具有优雅的气质和非凡的谈吐。同时，一个懂得审美的社会，才能孕育出经典的文化，为人类的文明进步贡献力量。

让美的种子生根发芽

我们对小有的美育熏陶，起始于他 1 岁以后。那会儿，虽然他什么都不懂，我们仍带着他飞翔在蓝天之上，穿梭于各地的风景之中，体验不同的文化与风情。高级酒店的体验、博物馆的珍藏，都成了他人生最初的色彩。

在成长的岁月里，我鼓励小有自由表达。我完全能容忍他把家里的房间搞得很乱，也能容忍他在白墙上随意乱画。小有随手画下的小画，都是我眼中独特的艺术品，我将它们贴在家中显眼的位置，展示给每一个到访的客人。

我会拿着小有的画画作品和他写的作文，给他的老师看。通过这些小小的行动，表达出我对儿子艺术才能的肯定和欣赏。

我这个妈妈，有时还会心血来潮做点出格的事情。就如初中的某一天，北京天气太好了，我觉得实在不应该辜负了这大好时光，于是，我突发奇想，决定去学校找老师，把儿子从教室里叫出来。虽然现在已经想不起自己说了怎样的理由，但我清晰地记得儿子当时的反应。他以为家里发生了什么紧急事情，却没想到我只是因为一时兴起，想带他去爬百望山。这些不寻常的体验，成了他心中永恒的记忆。

还有一件更大的事情，2005年，小有从许昌来北京读初中，他被海淀上地实验中学录取。入学前有一个分班考试，由于我们全家早已安排了去美国的行程，因此，小有错过了这个分班考试。

虽然错过了分班考试，但我们谁都没有后悔，因为这次美国之行的体验和收获，是我们一生的珍贵回忆。

正是那次美国之行，在小有的心中种下了远行的种子。六年后，他的愿望得以实现，小有成功进入美国波士顿大学攻读本科学位。

在家中，我经常会和小有一起整理房间。我对他极有想法和创意的物品整理能力大加赞赏。在他小时候，我就最喜欢和他一起逛街。我们一起买衣服、买家里的摆设、买学习用品，我俩都喜欢买各种类型的设计精美的笔记本。在这个过程中，我发现小有看上的东西，都是极有设计感和品位的。

在小有大学期间，我们也从不提倡为了勤工俭学或社会锻炼，让孩子去餐厅刷盘子。小有的社会实践做的都是和人打交道，和创作、艺术相关的事情。比如，帮助英国知名设计师做策展，去艺术馆做志愿者，为游客讲解馆内珍藏的画作。

在我看来，孩子的时间是宝贵的。即使什么都不做，只是腾出时间去健身房，去交友，这些也都是正事儿。

遗憾的是，在快节奏的当今社会，人们普遍注重学术知识和职业技能的学习，而常常忽略了"美"的存在，忽视了对内心世界和人文精神的培养。很多学校和家庭，对孩子的要求，就是要两耳不闻窗外事，成天读课本、刷题、死记硬背,还要不停地奔波于各类补习班,认为只有这些,才是孩子要做的正事儿。

而让孩子走出教室,走进大自然,走进社会,让他们去听鸟鸣蛙叫、流水潺潺,去看小草生长、花儿绽放,去感受大自然的广阔无垠,去触摸这个时代的气象万千,与名人大家对话交流,这些却变成了无用的。

我一直认为,那些看似无用的,其实是最有用的。因为,那些所谓"有用"的教育,是把一切都押在对知识的记忆、对分数的疯狂追求上。实际上,这是一种短视行为,更是一种打着"对孩子负责"的名义,对孩子的一种身心束缚。而真正伴随孩子未来人生的,不是那些分数,而是一个人的品格、意志、心态、素养。

让美激发创造力与创新意识

美,不仅仅是一种视觉的享受,更是一种心灵的触动和思维的启迪,对于那些深谙美的人来说,他们不仅欣赏美的表面,更探索其本质,挖掘无尽灵感。因此,他们的创造力如繁星般璀璨。同时,对美的独到见解,让他们的思维更加灵活、敏捷。这种对美的理解,不仅丰富了艺术世界,也提升了我们对美的认识,不断激发创造力与创新意识。

小有对美有着自己独到的见解,他善于发现并欣赏各种形式的美,在多个方面都展现出自己的天赋。我大致总结了以下几个方面:

① 品牌背后的故事与内涵

我对品牌的认知,大多来源于小有。他对品牌的了解,不仅限于表面的形象和知名度,而是深入到每个品牌背后的故事与内涵。每当我和小有一边逛街一边听他娓娓道来那些品牌故事时,对我而言,真是一种美妙的享受。

小有不仅对品牌有着深刻的认知,而且对如何打造一个品牌也极有想法。创业几年时间,小有就成功打造出了几个优秀的品牌。以小有专注的服装品牌为例，他既是品牌的策划师，又是产品的设计师，他巧妙地将自己的创意和理念融入其中，使每件作品都独具匠心。

他经常和我们说，特别感谢爸爸妈妈，为他打开了眼界。他认为，一个人的审美能力是从小培养和塑造的，这种对美的感知和理解一旦形成，便成为一种无法替代的财富，后天几乎无法弥补。

❷ 绘画中的独特风格

小有对美和艺术有着极高的敏感度，他并没有正式学过绘画，但天生就有一种对画画的悟性。他能够轻松地描绘出生活中的小细节，如娇艳的花朵、翠绿的草地、可爱的小动物，画面充满生活气息。更令人惊叹的是，他还能创作出震撼人心的大型作品。

尽管小有的外表给人一种端正和单纯的印象，但他的画作却展现出一种截然不同的风格。在他的作品中，裸体和怪诞元素相互交织，展现出一种超越常规的艺术风格和深邃的内心世界。

❸ 镜头下的完美捕捉

小有不仅在绘画上有着出色的天赋，在摄影领域也同样游刃有余，他对于构图和人物神态的捕捉，有着敏锐的洞察力。原先，小有的服装品牌公司会定期邀请专业摄影师和模特进行产品拍摄。然而，小有逐渐发现，许多专业摄影师的作品，在视觉效果上还不如他自己拍摄的效果好。后来，索性很多照片，都由他亲自操刀，他也因此更多地参与到摄影工作中。

小有的作品不仅构图巧妙，更能精准地捕捉模特的神态与情感，从而展现出服装的独特魅力和品牌的核心价值。除此之外，他与模特的沟通也比较顺畅，总能激发模特的内在情感，使得整个拍摄过程更加灵动生辉。

❹ 流畅而深刻的文笔表达

小有的文笔极为流畅，他从小写作从不需要打底稿，总是一气呵成。如今，虽已步入而立之年，身兼创业与育儿的双重责任，但他仍然保持着写日记的习惯。他的日记，并非简单的日常记录，而是他心灵的独白，是他对生活、对世界的深度思考与感悟。他的文字犹如清泉流淌，细腻而清澈，每次阅读，都能带给人智慧与启迪。

每年生日，我都会收到小有亲手写给我的一封信。这一封封信，不仅是爱的传递，更是我们共同成长的珍贵见证。

5 家庭美育的熏陶

我和小有爸爸在艺术方面，虽然并无特殊才能，但我们对审美始终秉持着极高的追求。我们的衣着选择，并不追求名牌，而是更注重材质和做工的精致度，以确保穿着舒适与得体；公司的整体装饰和办公家具，都是我亲自精心挑选的，无论办公室大小，我都致力于营造一种有格调、有氛围的工作环境；在北京的家中，我们有个漂亮的小花园；来到华东生活后，在租住的楼房里，我也精心打造了一个"悦兰的阳台花园"，让绿意与花香伴我左右。

对于公司的宣传和文件资料，我同样有着近乎苛刻的要求，排版要精致，色调须清新，每一个细节都追求完美。家中的摆设，既不能太多，也不能显得苍白。我骨子里流淌着文艺女青年的血液，我喜欢诗歌，热爱写作，用文字记录生活的点滴。

最关键的是，我们有这个意识，知道美育对于孩子极为重要。我们明白，要让孩子具备认识美、体验美、感受美、欣赏美和创造美的能力，是塑造孩子美学素养的基础。

如今，我深感欣慰的是，小有不仅拥有对商业的敏锐洞察力，更在审美方面展现出卓越的天赋。他将这两大优势完美结合，成功创立了自己的运动服饰品牌公司。这样的选择，既满足了自己的热爱，又是自己所擅长的，还能创造财富。真可谓是一举三得。

如何唤醒和塑造孩子审美的潜能呢？

唤醒和塑造孩子的审美潜能，是每位家长的重要任务。美育如同春雨，润物无声，尤其在儿童早期，其影响深远。每个孩子内心深处，都有一种审美的潜能，只是它需要被唤醒和塑造。当然，毋庸置疑，孩子对于美好事物的感觉，和天赋有一定的关系。

那么，家长该如何唤醒和塑造孩子审美的潜能呢？

首先，让孩子在大自然里徜徉，去发现美和欣赏美

一朵云，在大人眼中就是一朵云；在孩子眼中，它可能是大象、是山川、是骏马，是孩子无尽的想象。这种对美的敏感和发现，是需要我们去保护和培养的。因为每个孩子都拥有感受美的天赋，他们对自然和生活中的一切美好，都充满好奇，所以，我们要多让孩子接触美好的事物、美好的景象，并且带孩子感受自然之美、建筑之美，让他们的心灵在这些美好的体验中得到滋养。

其次，美化家居，在和谐的家庭环境中融入美

在一个家庭中，只有当父母从内心对美的事物有所喜爱时，这一切才真正发生。因为环境会对孩子的美育产生潜移默化的作用。因此，生活本身就是孩子学习美的最好课堂，我们要通过日常生活中的点滴细节，引导孩子去发现、去探索、去体验、去尝试、去运用美。

我们永远不知道哪一个瞬间，会成为孩子生命成长中的关键时刻。我们应该把家庭中的每一件事情，都通过"变美"的仪式感，让家庭成为孩子生活美育的培养地。这种对美的追求，不是追求奢侈，而是对生活的热爱和尊重。匠心独运的人，哪怕用朴素装点的美，都会让人觉得非常享受，让人内心愉悦。

我经常从小区里捡回被园林工人剪下的枝条，尤其是那些有着花苞的小枝，把它们插入家中的花瓶。这些原本看似不起眼的枝条，在我的精心呵护下，花苞逐渐饱满起来，粉嫩的花瓣在不经意间徐徐绽开，展露出生命的活力。

最后，让孩子在艺术学习中享受美、感知美

家长要多带孩子去美术馆"浸泡"，多听音乐会，多看书法、绘画展览，多玩泥塑和剪纸，多读诗歌、美文，让孩子在艺术学习中享受美、感知美，在动手操作中创造美。

只要我们用心去发现，生活中的美和喜悦就会无处不在。让孩子在这样的环境中成长，他们的内心一定会被美所浸润，就能培养一种高雅的审美情趣和高尚的品德习性。

第四章

有勇气的孩子，
拥有不一样的
人生

在生活的广阔舞台上，总有一群孩子，他们以不凡的勇气，选择了各自与众不同的人生道路。他们敢于面对挑战，勇于追逐自己的梦想，即使前路荆棘密布，也从不轻言放弃。这些孩子，他们的每一个决定、每一次努力，都在诉说着一个个关于勇气与坚持的动人故事。

在本章中，我们将深入探讨这些有勇气的孩子的成长经历和内心世界。我们将一同见证，他们如何坚守自己的信念，如何勇敢地面对困难与挑战，如何突破思维的束缚，扩宽人生的疆域。在此，我也将以小有创业的经历为例，解读孩子心中那悄然生根发芽的创业梦想，以及创业如何塑造他们的品格，赋予他们独特而高贵的价值。

孩子的成长之路，离不开父母的支持和引导，他们站在父母的肩膀上看世界，从中汲取智慧与力量，为未来的道路奠定坚实的基础。

愿我们都能培养出内心强大、敢于追梦的孩子，让他们的未来在勇气的照耀下更加绚烂多彩。

有勇气的孩子，坚信自己是最好的

在人生的漫漫长路上，每个孩子都是一颗独一无二的种子，内心深处蕴藏着巨大的潜能。而有勇气的孩子，更是拥有一种特殊的力量，那就是他们坚定地相信自己能够成为最好的那一个。这种勇气并非凭空而来，而是源于内心的富足、家庭的支持以及坚定的信念系统。

首先，内心的富足，是孩子勇气的源泉

这里的"富足"，不仅指物质上的满足，更重要的是心灵上的充实。内心富足的孩子，懂得欣赏生活中的每一个细节，从一朵盛开的花、一本有趣的书、一次与家人朋友的欢聚中，都能找到无尽的快乐。这种对生活的热爱和感恩之心，让他们拥有一颗积极向上的心，始终保持着对生活的热爱和期待。

正是这份富足感，让他们对自己有着清晰的认识，明白自己的价值所在，让他们在面对困难和挑战时，能够保持冷静和乐观。他们相信，无论遇到多大的困难，只要自己有足够的勇气和信心，就一定能够战胜一切困难，不断突破自我，实现自我超越。

相反，一个内心匮乏的孩子，往往缺乏自信，难以相信自己能够成功。

其次，家庭和社会的支持，是孩子勇气的坚实后盾

家庭是孩子成长的摇篮，一个充满爱的家庭，父母会给予孩子无尽的关爱、尊重和信任，让孩子在成长过程中感受到自己的价值和重要性。他们鼓励孩子尝试新事物，挑战自我，让孩子在实践中不断成长和进步。同时，父母也会给予孩子足够的信任和支持，让孩子在面对困难时，能够有勇气去面对和克服。

在社会中，这些孩子也受到了来自各个方面的支持和鼓励。学校、老师、朋友等都会给予他们肯定和鼓励，让他们更加坚信自己的价值和能力。这种正面的反馈和肯定，让他们更加有勇气去追求自己的梦想和目标。

最后，家庭的信念系统，是孩子勇气的塑造者

家庭的信念系统，对孩子的影响是深远的。一个拥有正向信念系统的家庭，会让孩子在成长过程中形成积极的思维方式和人生态度。

孩子会从父母那里学到如何面对挑战，如何保持信念，如何追求自己的梦想。这种信念系统会让孩子在做事和面对困难时，更加坚定自己的信念和勇气，相信自己能够成为最好的那一个。

以我们家庭为例，我们可以深入探索，信念系统如何微妙而深远地塑造着每个人的行为和人生轨迹。

（1）信念系统在生活中的自然流露

在北京这座繁华的都市，开车的人都知道，找停车位是一项挺难的任务。但小有爸爸从不这么想，他总会和我们说："没事儿，我到哪儿都会有空车位等着我，即使没有，也会有人立马给我让出位子。"这种信念，仿佛具有魔力，真的是这样，小有爸爸开车带我们，无论到哪里，无论是什么日子，我们都能很顺利地找到停车位。有时，当车位已满时，我们周围就会有一辆车子神奇地开走，为我们腾出一个难得的车位。

这种信念，不仅影响着小有爸爸，也深深地烙印在我和小有心中。我们学会了用正向的暗示，去面对生活中的每一个挑战，相信好运和善意总会伴随我们左右。

此外，我们家庭还有一个共同的坚定信念，那就是"小有是最好的"。无论在我们周围有多少学霸孩子，有多少特长突出的孩子，我们从未拿小有与任何一个孩子作对比，我们始终坚信小有拥有无限的潜力和可能。这种信念，为小有提供了强大的心理支撑，让他在面对人生的每一个阶段时，都充满自信和勇气。

（2）信念系统在行动中的强大驱动

我常挂在嘴边的一句话是："只要我想做的事情，就没有做不成的。"

尽管我并非拥有"三头六臂"的超人，可以做成所有事情，但这句话却深深刻进了我的骨髓。因为我宁愿自傲，也不要自卑、胆怯。

正是这样的信念，让我敢于尝试任何我想做的事情。我可以做职场精英，也可以自己创业；我既能在商业世界中展现果敢与智慧，也能在诗意的世界里寻找灵感与共鸣。

即使50+的年龄，我仍怀有一颗年轻的心，对未知充满好奇，勇于尝试做我之前未曾做过的事情，比如成为商业教练、教育专家、畅销书作家。这份信念，让我的人生如同绚丽的画卷，充满了激情、色彩和活力。

小有从小耳濡目染，深受这种信念的影响，逐渐构建起自己的信念系统。他创立的公司刚刚起步时，他就有这样的信念："我的 MEAT 品牌，要成为电商界的 ZARA。"他对成功的渴望与自信，更是溢于言表，他说："如果这个世界上，只允许一个人成功，那个人一定是我。"

每当这些话语在心头回响，或是通过键盘敲击出这些文字时，我都能感受到一股澎湃的力量涌上心头，仿佛全身的细胞都在为之振奋。这就是信念的力量，它激发着我们的潜能，驱动着我们不断前行，在人生的道路上留下坚实的足迹。

因此，我们坚信，有勇气的孩子之所以能够坚信自己是最好的，是因为他们内心的富足，拥有家庭和社会的支持，更重要的是，他们拥有强大的信念系统。这些因素共同作用，让他们在面对人生的挑战和困难时，始终保持着积极向上的态度和信念，不断创造属于自己的不凡人生。

让孩子站在父母的肩膀上看世界

俗话说："龙生龙，凤生凤，老鼠的儿子会打洞。"这句谚语揭示了父母与孩子之间深刻的联系。什么样的父母，会生出什么样的孩子。毕竟，从孩子呱呱坠地到蹒跚学步，从稚嫩的童声到青春的叛逆，父母的身影始终如影随形。他们不仅为孩子提供了一个温暖的家庭环境，更为孩子构建了一个认知世界的初始框架。这个框架中，包含着父母的价值观念、行为习惯、人生阅历，乃至社会资源和经济基础。

可以说，在孩子的成长过程中，父母无形中为他们铺设了一条通往社会的道路。这条道路上，既有物质的铺垫，如金钱的底蕴，以及最重要的资源的积累，也有精神的滋养，如格局和见识的拓展。父母通过自己的言行举止，潜移默化地影响着孩子对世界的看法和对人生的理解。

父母是孩子最好的资源，是他们勇往直前、自信拼搏的坚实后盾。

孩子总是站在父母的肩膀上看世界，父母的高度，往往决定了孩子眼界的广度。站在父辈的肩膀上，孩子的眼界会更高，思路会更开阔。在这样的起点之上，他们更有可能攀登事业的高峰，成就非凡的人生。

说到这里，我想到了资源更好的"富二代"。一提到他们，人们总会有些刻板印象，觉得他们都过着挥霍无度、纸醉金迷的生活。但其实，很多的"富二代"非常优秀，他们中的大多数都进入了顶尖的名牌大学，而且几乎都有海外留学的宝贵经历。这背后，是家庭对教育的重视，以及雄厚实力的支持。

家境优渥的家庭，通常能够为孩子提供更为广阔的学习平台和见识世界的机会。这些孩子不仅在学习上表现出色，更在多方面积累了丰富的知识和经验。

值得一提的是，这些"富二代"中的佼佼者，往往具备强烈的自我驱动力。面对上一代取得的辉煌，他们并不满足于现状，反而更加渴望超越，追求属于自己的成功。对于二代接班来说，要想把家族企业做好，其难度不亚于一代的创业成功。毕竟，他们需要应对商业上的种种挑战，更要承受巨大的社会压力。做好了，有人或许会将其归功于父辈打下的江山；做不好，他们却会被指责是"败家子"。

不可否认的是，父母的确是孩子的人生起点，也可能是孩子成长的天花板。很多时候，父母为孩子设定了一个相对固定的发展轨迹。但是这并不意味着孩子的人生就被完全限定。

在成长的道路中，每个孩子都有机会通过自身的努力和探索，突破父母设定的上限，实现自我超越。在这个过程中，家长的支持和鼓励往往成为孩子能否突破自我、实现飞越的关键所在。

而对于得不到父母的扶持和帮助，父母也没有见识和格局去引路的孩子而言，他们的一切只能靠自己。为了赶上别人，他们必须比别人跑得更快。但是，如果一个家庭条件优越的人，比一个一无所有的人还要努力，后者面临的竞争压力将更大。

尽管这个世界在某些方面确实存在不公平，但有时又是公平的，我们还是能看到，通过个人的不懈努力和奋斗，有一些人成功地实现了阶层的跃迁，他们的故事激励着更多的人去追求自己的梦想。

这让我想到网络上流传的一句话："做不了富二代，就做富一代。"这不仅是一种激励，更是一种信念。让我们用自己的努力去创造美好的未来，去成为那个引领孩子瞭望世界的父母。

给未来的你种下一颗创业的种子

尽管我经营企业多年，但我从未给小有预设过一条创业的道路。我深知，每个孩子的人生都是独一无二的，他们会在成长的过程中慢慢发现自己的兴趣和特长。因此，我从不试图过早地定义或规划小有的未来，更不会对他的人生指手画脚。

我始终坚信，无论小有将来选择哪条道路，我都将是他最坚实的支持者，为他提供全力的支持。

然而，随着时间的推移，我惊讶地看到，小有从小就展现出不凡的商业敏感性。这种敏锐的洞察力和判断力，或许是天生的，或许是受到我们家庭环境的熏陶和影响。

在小有那幼小的心灵里，已经悄然种下了一颗创业的种子。如果你好奇，这颗创业的种子是如何被播种的，那么我愿意尝试总结一下。

首先，父母"爱折腾"，让孩子爱上"不确定性"

我们的"爱折腾"，主要表现在这两个方面：

一方面，我们不让城市和房子束缚自己的人生。我们带着小有从哈尔滨到许昌，再到北京，最后他独自赴美深造。这些经历，让小有摆脱了被城市或房子限制住自己的想象和发展的思维。

在美国的十三年里，他在波士顿、费城、长滩、米申维耶霍（Mission Viejo）等多个城市生活过。他的公司，在七年里也经历了很多变化。这种多样化的生活和工作经历，让他更能适应不确定性，也更有勇气去追求自己的梦想。

人与人之间的差距，往往在于选择。有的人，一辈子都不想离开一个城市，一个公司。而小有和我，更愿意听从内心的召唤，想去哪里就去哪里，绝不会被一个城市或一所房子束缚住。

这些年来，我的主要居住地已从北京转移到华东，而小有也刚刚搬到美国的一个新城市。未来，他还可能去更多国家生活。

小有常说："我特别喜欢初到一个新地方时的陌生感与新鲜感。尽管初来乍到时，会有点小胆怯，因为谁都不认识，哪儿都不熟悉。但当我逐渐融入这个环境，结识新朋友时，那种激情与活力便油然而生。"这正是他对不确定性的热爱与追求的体现。

我们坚信，一颗自由的心，如果被困在一所房子里，那将是一个人最大的悲哀。

另一方面，我们坚决不让自己沉溺于舒适区。我和小有爸爸从恋爱开始，就搭伙在大学校园里做生意。小有爸爸博士毕业后留校任教，而我投身于计算机培训领域，这种在别人眼里的稳定和美好生活，却给我们的内心带来了

"不安感"。因此，我们勇敢地放弃了这种看似安逸的生活，选择重新出发，从头再来。

小有也继承了我们这种"不安分"的性格特质，他在美国著名拍卖行的工作一帆风顺时，却毅然决定辞职，踏上创业之路。如今，他的公司已经运营了七年，每年都有两倍以上的增长，但他依然不满足，一直都在谋划和等待着更大发展机遇的到来。

我深信，对现状的不满和对未知的渴望，是推动人们不断前行的强大动力。总有那么一群人，他们的内心永远怀揣着"不安分"的热情，渴望打破常规，去做一些更具突破的事情。因为他们害怕在安逸和舒适的生活中消磨了斗志，沦为平庸。

因此，这些人勇敢地选择走出舒适区，去探索那些未知的领域，寻求新的突破。尽管这条路上充满了荆棘和坎坷，甚至最终可能无法抵达预期的彼岸，但这一路上的历练、挑战和收获，都将成为他们人生中无法估量的宝贵财富。

其次，我们注重和孩子探讨商业话题

所有的教育，都是以生命影响生命。尽管我和小有爸爸从未刻意去培养小有的商业思维，但我们始终把他当成一个有独立思想的人，让他参与到我们的生活中。

比如，全家人聚在一起时，我和小有爸爸经常谈论一些行业和公司的事情。小有则在一旁饶有兴趣地认真听我们谈话，有时，他还会介入我们的话题，讲出自己的想法。

另外，每逢周日晚上，我们总是一起收看央视二套《对话》节目，三个人边看边讨论。除了《对话》节目，《赢在中国》也是一档非常优秀的创业类节目。2006年、2007年、2008年，共举办三届，每季大约四十多期。我们也是和小有一起，一期不落地全部看完。

在小有刚上初中，而我刚在北京创办公司时，我家的商业类和人物传记

类的书籍是最多的。每当读完一本我认为有价值的商业书籍时，我都会兴致勃勃地向小有推荐，小有就会一气呵成地把一本书看完。

随着年龄的增长，他对商业的理解和想象越来越丰富。从初中开始，他就经常产生各种商业点子，这些点子充满了创意与想象力。进入大学后，他的商业想象更是天马行空，不断构思出具有潜力的项目。每当他有新的想法，我们都会与他一起分享、探讨。无论是他那些奇思妙想，还是他在商业实践中的初步尝试，我和小有爸爸都始终给予高度关注和支持。

我们深知，这些思维和实践，都将成为他成长道路上的宝贵财富，也为他在未来商业领域积累了力量。而我们的支持和鼓励，就是他不断前行、勇往直前的强大动力。

最后，我们努力为孩子创造商业实践的机会

小有在美国上大学期间，每年寒暑假，都会回到北京。为了让他的假期更有价值，我们会给他的暑期安排学习与实践。

我们精心为他安排了在各类公司的实习，这样既能让他锻炼专业技能，又能帮助他更好地理解职场环境。小有欣然接受了这些安排，并在西门子（中国）、创业黑马、北京电视台，以及我自己的公司中，都有过 1 ～ 2 个月的实习经历。

而在每家机构，小有做的事情和学到的东西是不同的。比如：

在西门子（中国），他被分配到业务部门，协助他人做业务数据的统计分析。他认真了解公司的业务运作，提取关键数据，并进行深入分析。这一过程中，小有的数据处理和分析能力得到了显著提升，同时，他也深刻认识到，信息收集、逻辑分析和清晰表达，在业务成果展示中的重要性。此外，他了解到这家世界 500 强企业的运作模式，感受到员工的专业素养。

在创业黑马，他参与了两个项目小组。在创业项目路演中，他与创业者和投资者有了近距离的接触，深入了解了创业项目的策划、推广和实施过程，以及投资者对项目的评估和投资决策依据。这次经历，让他对"创业圈层"

产生了向往，并激发了他未来投身创业领域的热情。

在另一个创业媒体平台项目中，他负责抓取并翻译海外关于创业的相关信息，这项工作要求他具备敏锐的信息捕捉能力和扎实的翻译功底。尽管工作量大，每天都要找到并翻译出至少 5 篇稿件，但小有坚持下来，并以高质量的工作成果，赢得了团队的认可。

在我的公司，小有与海外业务部的同事们一起工作，积极参与开发海外客户、制订和推广营销方案。此外，他还参与了产品部的新产品评审会议，站在市场和用户的角度，对产品设计提出了建议。小有呈现出的敏锐洞察力和独特审美，让人不可小觑。

小有在大学期间，除了我们的安排，还自行策划并参与了多项有意义的商业实践活动。在波士顿艺术馆，他担任了引导和讲解员，每逢周末，他都会去艺术馆，为游客提供导览服务。值得一提的是，他有一个小目标——深度游览全球 100 家艺术馆。至今，他已游览 50 余家，持续拓宽自己的艺术视野和认知。

此外，通过个人申请和选拔，小有作为波士顿大学的代表，被派遣至英国进行学习与工作相结合的实践。在那里，他和一位英国女艺术家共事三个月，参与商业谈判、展览布展等工作，赢得了女艺术家的高度赞赏。

商业实践经历，让他清晰和坚定了自己的职业方向，那就是：艺术＋商业。大学毕业后，小有毫不犹豫地选择到拍卖行工作，将他对艺术的热爱与商业洞察力完美结合。之后，他又踏上加州土地，进入运动服饰领域，开启了自己的创业之路。他的职业规划清晰而坚定，完全是基于自己真实的商业实践体验和感受探索出来的。在进入职场之前，他就已经很笃定地选择了他热爱和擅长的事业。与那些对未来迷茫，完全依赖父母一厢情愿地替他们做好规划的孩子，形成了鲜明的对比。

周国平老师在他的文章《不要试图规划孩子的一生》中，有这样一些思考。他说：

"我想提醒你们的是，孩子的未来，岂是你们决定得了的？他的未来，一半掌握在上帝手里，即他的外在遭遇；另一半掌握在他自己手里，即他应对外在遭遇的心态和能力。

对于前一半，你们完全无能为力，只能为他祈祷。对于后一半，你们倒是可以起很大的作用，就是给他以正确的教育，使他在心智上真正优秀，从而既能自己去争取幸福，又能承受人生必有的苦难。

倘若你们不在这方面下功夫，结果培养出一个心智上的弱者，则我可断定，有朝一日你们必定会发现，你们现在为他的苦心经营全都是白费力气。"

成为儿子的伯乐：支持他走上创业之路

小有心中始终燃烧着创业的火焰，从中学时代到大学时代，那些星星点点的创业灵感，就像是一簇簇小火苗，微小却又有着无限可能，如同夜空中闪烁的星星，照亮了他内心对梦想的渴望。作为他的妈妈，我深知他需要的不只是鼓励，还有坚定的支持和陪伴，是温暖的草垛，而不是冷水。

当小有向我分享他的创业计划时，我毫不犹豫地选择了与他并肩前行，成为他追梦路上的坚实后盾。

尽管他大学毕业选择了在拍卖行工作，但那份创业的激情从未消退。当他决定辞职，前往加州追寻自己的梦想时，我并未试图阻拦，因为我知道，这是他心中的呼唤，是他对未来的坚定选择。

他的创业项目是一家专注于健身人群的运动服饰品牌公司，充满了创新与活力。然而，对于初次涉足这一领域的小有来说，创业的道路充满了未知与挑战，导致他在很长一段时间内，只停留在创业的想法上，却迟迟未能迈出实质性的步伐。

我深深感受到了小有对创业的笃定，但他依然需要一股力量推他一把。作为他最坚实的后盾，我不仅在精神上给予他全力的支持，更在行动上为他提供了实质性的帮助。我为他寻找了专业的服装设计公司，协助他完成了MH 公司的首款产品设计。同时，我还帮助他对接了工厂和货代公司，帮助小有勇敢地迈出了创业的第一步。

至今，小有创业已经走过七年，MH 公司在不断地发展壮大。每当提及这段经历，小有总是感慨万分地说："我特别感谢妈妈，如果没有妈妈当初的支持和推动，我可能永远停留在梦想的起点，无法真正踏上创业的道路。"

在这个竞争激烈的时代，许多孩子的业余时间被各种补习班填满，他们为了升学全力以赴，却往往忽视了自身的兴趣和天赋。我坚信每个孩子都拥有独特的潜能，应当被发掘和培养。因此，我并不希望小有走上这样的道路。

如今的小有，已经在创业道路上取得了不小的成就，他的运动服饰品牌公司已经在市场上崭露头角。每当我看到他全身心投入自己所热爱的事业，那种努力和坚持，让我深感骄傲和欣慰。

在这个过程中，我不仅是他的母亲，更是他的伯乐和引路人。我知道，我所做的，就是成为他创业路上的那束光，照亮他前行的道路，引领他走向更加美好的未来。

富养，养出富人思维；穷养，养出穷人思维

对于怀揣创业激情的孩子而言，他们往往受益于父母"富养"的教育方式。中国有句老话：男孩要"穷养"，女孩要"富养"。也就是在培养男孩时，物质上要苛责一点，重点在于锻炼其坚毅的品质与责任感。但在我看来，男孩、女孩都要"富养"。

孩子其实比我们想象的要敏感和懂事得多。那些被"穷养"的孩子，往往能感受到家庭资源的有限和父母对他们未来支持能力的不足。这种感知，会让孩子在心理层面上形成自卑感，甚至可能在行为上表现出懦弱和怕事。这种养育方式，不仅会让孩子一生缺乏安全感，还会拉低孩子的眼界和格局。

相反，当我们选择"富养"孩子时，不仅是在物质上给予他们充足的满足，更是在精神上给予他们足够的支持和信任。这种"富养"并非无节制的溺爱，而是有目的地培养孩子的自信、独立和创新能力。在这样的环境中成长的孩子，往往更有底气去追逐自己的梦想，更有勇气面对未来的挑战。

父母的教养方式，决定了孩子的未来。富养，培养出孩子的富人思维，让他们拥有广阔的视野和前瞻性的思考。而穷养，则可能让孩子形成穷人思维，局限于眼前的困境，难以拓展人生的边界。

物质的匮乏，或许只是暂时的，而心灵的贫瘠却可能伴随孩子的一生。正如作家埃德加·布莱索所言：如果孩子从小就把自己当成一个"穷人"，他一辈子都会是个"穷人"。

那么，"富养"与"穷养"的孩子，会在金钱观上展现出哪些截然不同的特质呢？

首先，富养的孩子——大气；穷养的孩子——爱算计

被富养的孩子，展现出的是一种大气与从容。他们未曾体验过物质匮乏的困扰，因此，对金钱的看重并不如穷养的孩子那般强烈。他们在金钱上更为大气，不会过分纠结于得失，而是懂得金钱的价值，更懂得如何享受生活和投资自我。因此，他们吸引的朋友往往也是同样大气、能够彼此助力的伙伴。

相反，被穷养的孩子，在金钱上则显得更为谨慎和小气。由于早期的生活经历，他们对金钱的过度看重和算计，成了一种习惯，即使日后他们有了很多钱，也难以摆脱这种"匮乏感"的影响。他们常常活得很痛苦，内心充满对于金钱的焦虑和不安，给人一种抠抠搜搜的印象。同时，他们可能会因为不信任他人，而难以建立良好的人际关系。

其次，富养的孩子——有选择地消费；穷养的孩子——过度补偿

被富养的孩子，在消费上更懂得选择与节制。由于他们在成长过程中，拥有更多的选择机会，他们更能够清晰地认识到自己的需求和喜好，从而避免了盲目消费。他们懂得权衡利弊，善于在众多的选项中做出合理的选择。

然而，对于被穷养的孩子来说，他们的成长经历确实塑造了一种独特的心理模式。由于早期生活的经济拮据，致使他们在长大后往往对金钱产生强烈的渴望，拼命想要赚钱，甚至不择手段，最终陷入对金钱的痴迷和永不满足的境地。

这种心理状态背后，隐藏着一种"过度补偿"的机制。由于童年时期物质的匮乏和欲望的抑制，他们在成年后试图通过疯狂的消费来弥补这种缺失，仿佛想要填满一个永远无法满足的空洞。他们会囤积大量的物品，包括奢侈品，但往往由于过于珍惜而不舍得使用，这种矛盾的行为模式，正是他们内心渴望与恐惧的交织体现。

心理学上，"过度补偿"是一种因早期缺失而产生的心理防御机制。它不仅体现在对金钱的过度追求上，还可能扩展到对成功的渴望。有些人为了追求成功，会不顾一切地付出努力，甚至牺牲自己的健康和家庭。他们希望通过成功来证明自己，弥补童年的不足，但往往又因为过度追求"成功"，而忽略了生活的其他方面。

关于报复性的补偿，有数据显示，一年有 7000 万成年人，会给自己买玩具。一些深度玩家，一年光买玩具，就能花 1000 多万。这种行为背后，往往隐藏着童年时期被压抑的欲望。他们试图通过购买这些物品来弥补童年的遗憾，寻求心理上的安慰和满足。然而，这种补偿行为往往只是暂时缓解他们的内心焦虑，而无法真正解决他们的问题。

在这里，我想分享一个朋友的故事，他的经历或许能让我们对这个问题有更深的思考。

这位朋友，自幼家境贫寒，童年的记忆里，充斥着"想要却不可得"的遗憾。那些橱窗里的玩具、书店里的新书，都成为他心中遥不可及的梦想。这种深藏于内心的"匮乏感"，就像一道无形的枷锁，束缚着他的心灵。

成长的路上，他历经坎坷。由于家庭条件的限制，他未能进入大学，而是选择了做一名空乘，却遭遇了突如其来的裁员。他的厨艺很好，他向银行贷款开了一家餐厅，结果餐厅经营不善，最终倒闭，他欠下银行大笔贷款，只能靠东拼西凑还银行贷款。

后来，在朋友的鼓励和资助下，他学习了医学课程，找到了一份在医院做检测的稳定工作，收入也还不错。但内心的匮乏感依然如影随形，影响着他每一次的选择。他继续通过贷款买车，因为他很在意别人看他的眼神，他开的车仿佛代表着他的社会地位和尊严。

多年后，他有了一个活泼可爱的宝宝。他不希望孩子再重蹈自己的覆辙。因此，竭尽全力为孩子提供丰富的物质条件，他给孩子买大量的玩具、衣物。他害怕孩子穿大一点的衣服，会被人误解为买不起合身的衣服。这种对"匮乏"的恐惧，其实已经超越了对物质本身的追求，成为他沉重的心理包袱。

从心理学的角度来看，"匮乏感"其实是一种内心的缺失感，它可能源于物质资源的匮乏，也可能源于爱和关注的缺失。这种缺失感会驱使人不断地寻求补偿，有时甚至会导致一种病态的追求。

那么，匮乏感究竟有多可怕呢？它可能让我们生活在别人的眼光中，忘记了自己真正的需求和愿望。我们为了填补那个"匮乏的洞"，不断地向外寻求认可和满足，却忽视了内心的声音和需求。

最后，富养的孩子——高配得感；穷养的孩子——低配得感

一些父母，尽管家庭条件还可以，却常常对孩子灌输"你花的钱太多了，以后少花点钱"或"你买的东西太贵了，以后买便宜点的"这种观念。

长期在这样的教育环境中，孩子很容易从小就背负着巨大的"愧疚感"，即便长大经济独立了，有了足够的财力去购买心仪已久的东西，他们也可能因为"不配得感"而不敢展示，内心始终觉得自己不配拥有这些美好的事物。

被穷养的孩子，往往特别注重面子，自尊心极强，过度保护自己，甚

至可能展现出自私、不为他人考虑、以自我为中心的性格特点。这种心态，会限制他们的视野，使他们过于关注眼前的得失，而忽视未来更广阔的可能性。

相比之下，被富养的孩子，在优渥的家庭环境中长大，他们从小就敢于表达自己的欲求和选择，自信满满，追求高品质的生活，他们深知自己值得拥有这些好东西，对自己的价值有高度的认知，更容易发展出自信和自尊。

值得注意的是，"不配得感"是一种主观感受，并非不可改变。通过积极的教育和引导，以及给予孩子足够的时间去调整和成长，他们完全有可能摆脱这种消极感受，建立自信和积极的心态。

谈到"穷养"与"富养"，金钱问题无疑是一个核心话题。父母不应该回避和孩子谈钱，而应该坦诚地承认金钱的重要性。同时，也不要过度压抑孩子的欲望，因为有欲望才会有动力。

更重要的是，父母应该从小培养孩子的商业思维，教会他们如何合理花钱、如何赚取更多的钱。真正的成功，源于发现问题、帮助他人解决问题，以及提供有价值的服务。因此，那些能够赚取丰厚财富的人，往往都具有利他思维。这种利他行为，不仅为他们带来了经济上的回报，也赢得了社会的认可。

父母必须认识到，我们对金钱的态度，会对孩子的眼界和格局，产生深远影响。因此，父母应当向孩子传达一个观念：金钱并不是衡量一个人富有与否的唯一标准。事实上，一个物质上可能并不富裕的人，只要他拥有丰富的思想和开阔的视野，他就完全有能力在未来摆脱贫困，获得真正的幸福。

不哭穷，不炫富，树立正确的消费观念

金钱和消费观念的培养，是孩子成长中的关键一环。它们如同指南针，引导孩子走向理智与独立的未来。然而，一些家长在培养孩子金钱观时，容

易陷入误区。以下是对几种常见不当做法的解析：

误区一：过度"哭穷"

父母经常向孩子强调家庭经济困难，强调赚钱不易、家里没钱，让孩子不要乱花钱。这会导致孩子在花钱，或向父母要钱时，变得小心翼翼，表现出很懂事的样子。父母还沾沾自喜地认为，这种"哭穷"的教育方式很有效，让孩子不敢花钱了。这种教育方式，会让孩子在消费时过分拘谨，甚至产生自卑心理，影响他们的社交和心理健康。

误区二：完全不让孩子接触钱

父母完全不让孩子接触钱，孩子动了父母的钱，会遭到痛打，这种做法会给孩子带来深深的恐惧和阴影。这种事情，就曾在我身上发生过。我不到5岁那年，从家里拿了5元钱去买了两根冰棍。那是20世纪70年代，那时的5元钱，也许相当于现在的几百元。但当时的我并不知道它的价值，结果被卖冰棍的老大爷给骗了。

我爸发现后，气得抄起大扫帚，追着打我。我吓得冲出家门，在大街上狂奔，我爸就在后面猛追，到头来我还是被我爸抓住，痛打了一顿。当然，这是我记忆中，我爸唯一一次打我。这一经历，虽然只是我成长过程中的一次偶发事件，但在我心中留下了深刻的印记。

这种做法，剥夺了孩子学习金钱管理的机会，使得他们在面对金钱时，缺乏正确的判断和应对能力。在成年后，可能会无法有效管理自己的财务而陷入困境。

误区三：错误引导勤工俭学

我鼓励孩子在学习之余，参加那些能够丰富自身社会经验和提升各项技能的社会实践活动。勤工俭学是一个不错的途径，但选择何种工作尤为关键。我们不应该让孩子仅仅为了赚取微薄的生活费，而从事像餐厅刷碟子这样简单重复的工作，因为这无疑是本末倒置。

总之，我认为，家长应避免在孩子面前过度渲染经济压力，或通过"哭穷"的教育方式，让孩子体验他们当年生活的艰辛，以此培养孩子节俭的习惯。

同样，炫耀财富亦非明智之举。在面对孩子的物质需求时，父母需要审慎考虑，因为过度的满足会导致物质过剩，进而增加不良诱惑，使孩子沉迷于享乐之中，不思进取，忽视自我提升和成长。

为了帮助孩子树立正确的金钱观，我们可以从以下几个方面进行引导：

❶ 给孩子适量的零花钱

在家庭经济条件允许的前提下，为孩子提供适量的零花钱，这既是锻炼他们财务管理能力的机会，又是培养他们社交技能的有效途径。

比如，当孩子在与同学、朋友相处时，我们要鼓励他们主动买单，让孩子有一些经济上的优越感。这种愿意付出的孩子，更容易获得他人的尊重和友谊。

我坚信，那些对钱不在意的孩子，会更坚持自己真正热爱的事情，并为之设定更为远大的目标。因为，他不必时刻为金钱所困，不必在每一次选择时，都优先考虑金钱的得失。因此，那些对金钱持有轻松态度的孩子，他们的心灵更自由，视野更广阔。

举例来说，我的儿子小有，在他的成长道路上，经历了对金钱观念的不同理解。在小学和中学时期，他所在的普通学校环境中，许多孩子对金钱的关注度异常高，张口闭口总提钱，好像掉进了钱眼里，甚至为了一些小钱而斤斤计较。然而，随着他进入公立学校的国际部读高中，班级里同学的家庭经济条件都很好，同学之间很少有人因为钱闹矛盾，他们更关注友情，而非计较金钱的得失。大家出去玩，无论是请客还是被请，都表现得自然而大方。

后来，小有去美国上大学。他使用的信用卡与爸爸的卡是关联的。小有爸爸由于担心孩子不敢花钱，所以，只要不经常收到账单信息，爸爸就会打电话给小有，让他要注意消费。不是因为我们家特别有钱，而是我们知道钱不是省出来的，舍得花钱的人，才会想办法赚钱。

很多人都可能在网上看到，亚马逊创始人贝索斯对养女的教育方式。他的养女天生节俭，为省钱还买过打折的匡威。贝索斯试着引导她："你不能再买这些打折的无用产品了，你那么喜欢看《星球大战》，把它的版权买下来多好啊！"他还告诉女儿，他以后会每周给她 5 万美元零花钱。贝索斯这么宠爱自己的养女，并不是要培养她奢侈的生活习惯，他想让女儿通过这笔钱来学习理财和投资，培养女儿"用钱"的能力。

但很多人却常常陷入"省钱"的固定思维中。我们不妨设想一下，如果一个孩子从未学会如何合理花钱，当他突然得到一笔"巨款"时，他可能会感到不知所措，甚至有可能盲目挥霍。

真正睿智的家长，会引导孩子全面理解金钱的价值。他们不仅会给孩子适量的零花钱，而且会鼓励孩子自主掌管这些钱。通过这样的方式，孩子可以在实践中学习如何做出明智的消费决策，如何合理分配金钱。家长的信任和支持，将极大地增强孩子的自信心和自主性。

相反，过度限制孩子的零用钱，实际上是在限制他们学习和发展自主性的机会。在这样的环境中长大的孩子，可能会因为缺乏自信和独立性，而难以应对生活中的各种挑战。

② 引导孩子体验高品质生活

自小有 1 岁起，我们家便成了"行走的课堂"。周末的短途旅行和寒暑假的远途探索，成为我们家庭的常态。我们精心挑选目的地，不仅是为了欣赏各地的美景，更是为了让孩子接触不同的人和文化，体验生活的多姿多彩。在旅行中，我们特意选择高品质的酒店入住，让小有直观感受到何为精致与舒适。

在物质的选择上，我们始终坚守"品质至上"的原则。在能力范围内，我们精心为小有选择品质卓越的产品，让他在日常生活中实践对美的鉴赏和品味。这种对美的追求和体验，在小有心中深深扎根，成为他人生旅程中不可或缺的一部分。对此，小有特别感谢我们，他常说："一个人对美的感知和塑造，在小时候就已奠定了基调，难以通过后天轻易改变。我特别感激爸爸妈妈，是你们给了我观察美和体验美的宝贵机会。"

如今的小有，内心充满善意，更懂得通过精心挑选的礼物来传递他真挚的情感，温暖与关怀着他身边的每一个人。他乐于尽己所能地帮助他人，这完全是出于内心最纯粹的善意，没有半分炫耀或施舍的意味，更不期待任何形式的回报。

❸ 富养取决于父母的心态，而非经济能力

富养并不等同于简单地花钱，而更多地取决于父母的心态，和经济能力关系不大。没有很多钱的家庭，同样能为孩子营造一种"富足感"。

以我个人经历为例，我成长于20世纪70年代，那是一个物资相对匮乏的时代。然而，我的妈妈却总能把我们的生活调理得很好，为我们三姐妹营造了一个充满"富足感"的成长环境。每当妈妈发工资的日子，她总会给我们买一包小动物饼干，我们根本不舍得一口把饼干塞进嘴里，而是用大门牙一点点地将其磨成细腻的粉末，再含在嘴里，回味一番后才咽下。此外，妈妈还会去菜市场买回几条小鱼，让我的猫咪也能美美地饱餐一顿。

妈妈从不向我们抱怨生活的艰辛，也从不"哭穷"。每逢春节，她都会亲手为我们缝制新衣服，让我们在大年初一穿着新衣，欢欢喜喜地去亲戚家拜年。

在我还是初中女生时，我就挺爱花钱的。买衣服也很有主见，从不需要妈妈给我买，也不需要姐姐和女同学的参谋意见。你能想象吗？初中一年级的我，就敢独自跑到照相馆，拍摄个人写真，这在当时无疑是一种前卫且勇敢的行为。

在这样的环境下成长，我对于金钱始终保持着一种平和与开放的态度。结婚后，我从未过分算计家中的财务，也从未想过要掌控家中的"财政大权"，这源于我内心深处的那份"富足感"。那些被父母在物质上满足了的孩

子，人生追求从来不会只停留在赚钱层面，更不会为了赚钱而不择手段。

因此，我深信父母应该正视金钱的力量，而不是否定它。我们应该让孩子知道，金钱是生活中不可或缺的一部分，它能够带来更好的物质生活，追求财富是人之常情。然而，更重要的是，父母要教会孩子如何正确地看待金钱，理解那些无法用金钱衡量的真正价值。

例如，无私而深沉的爱，它无须任何物质修饰，纯粹而美好。再如，健康的身体，它是我们享受生活、追求梦想的基石，无论金钱如何堆积，也无法替代其重要性。

那么，如何衡量给予孩子的物质富足是否合适呢？我想引用巴菲特的一句名言：

"I want to give my kid enough so that they could feel they can do anything, but not so much that they could do nothing."（我想给我的孩子足够的东西，让他们觉得自己可以做任何事，但又不是太多，让他们可以什么都不做）

每个人皆爱财富，父母应该作为孩子价值观的引路人。在奔向财富的路上，拥有正确的财富观，并将之传授给后代，这才是智慧的父母应该思考和重视的事情。

内心有勇气，无惧人生的"不确定"

我们生活在一个充满未知的世界，不确定性如影随形。然而，人类的天性往往倾向于追求稳定与安全。这种偏好，常常让我们在面对未知时，容易感到迷茫、焦虑甚至恐惧，本能地想要逃避。

然而，过度追求确定性，有时会成为我们成长的阻碍。它使我们变得过于谨慎，只愿在熟悉的舒适区徘徊，而不敢涉足未知的领域。这种对确定性的过度执着，只会让我们的生活陷入平庸的循环。

如果想追求成功，我们必须挣脱对确定性的依赖。真正的安全感，并非源于对未知的回避，而是来自我们拥抱不确定、与之共舞的能力。这是一个不断挑战自我、超越自我的过程，当我们对未知领域的掌控力和适应力增强，内心的安全感才会逐渐提升。

因此，让我们鼓足勇气，迎接生活中的未知与挑战。在不断学习和成长的过程中，寻找那份属于我们自己的安全感与成功。

对不确定性的接受度，是区分高手和普通人的标志

在我们的一生中，不确定性如影随形，无处不在，对每个人都是一种考验。而能否容忍和驾驭不确定性，是区分高手和普通人的重要标志。

对于许多普通人而言，他们毕生都在追求一种所谓的安全感，害怕未知，恐惧不确定性。因此，他们倾向于在 30 岁之前，寻找一份稳定的工作，建立一个稳定的家庭，希望从此过上安逸的生活。然而，过度地追求安稳，往往限制了他们的视野和成长，使他们错失了更多的机遇。

而那些真正的高手，他们不仅勇于面对不确定性，更善于从中寻找机遇。他们习惯于在高度不确定的环境中作出决策，这种特质使得他们更容易成为创业者或企业家。

因为，创业会面临巨大的不确定性，这是他们日常生活的一部分。他们永远不知道下一刻会发生什么，永远无法提前预测创业的最终结果。幸运的话，结果会远超预期，但更多时候，他们必须面对失望和绝望。然而，正是在这种不确定的环境中，创业者需要做出关键决策，追求在不确定中的确定性。

滴滴创始人程维，曾在一次公开演讲中感叹："创业者是最不容易的一群人，他就像推开一扇门，外面是漆黑一片，那条路是不清晰的，要时时刻刻一边摸索，一边认知，一边修正。不确定性是应该的，所以你必须是一个乐观主义的人，你必须是一个有一点无畏的人，因为你在做没有人做过的事情。"

但有些人既想赚大钱，又想要确定性。他们总是希望找到一件百分百能赚到钱的事情，才肯行动。然而这种绝对确定的机会，在现实中是不会有的。这种对安全感的过分追求，反而束缚了他们的手脚，限制了他们赚钱的机会。

实际上，没有一个创业者在决定创业之初，就能确保自己一定会成功。即使他们进行了缜密的分析，做了充分的准备，也不可能完全确定未来的结果。因为创业本身就是一件充满不确定的事情，它需要创业者去冒险、去尝试、去面对未知。然而，正是这种不确定性，才赋予了创业无限的可能性和魅力。

许多人因担忧创业的风险，而选择了看似更稳定的职业道路，寄望于努力工作谋求升职加薪，以此构建一种安全感。然而，他们往往忽视了，即使是看似稳定的工作和收入，也暗藏着诸多的不确定性。比如，公司可能会因为各种原因倒闭，导致你失去工作；或者你可能遭遇 35 岁危机被公司裁员；再或者，你的岗位可能会被 AI 技术替代，等等。这些不确定性因素，都可能在一夜之间打破这种表面的稳定。

很多人不愿意思考和面对职业发展中的不确定性，他们总希望这些挑战不会影响到自己。然而，真正的强者懂得直面现实，早早为自己做好了 Plan B，以应对未来职业发展上的不确定性。

而那些更具勇气和决心的人，即便深知创业成功率不高，也愿意冒险一试。他们明白，只有勇敢地迈出那一步，才能在实践中学习和成长，将成功的概率逐渐提升。

因此，想要取得成功和财富，除了智慧和能力外，更需要有野心和勇气。但请注意，我并不鼓励仅凭着一腔热情去创业。因为，创业并非容易的事情，尤其在当前多变的经济环境下，更需要深思熟虑和全面准备。

若你决定踏上创业之路，我为你提供以下两点建议：

第一，建立创业的基本认知。作为创始人，你的认知水平和学习能力，将直接决定公司的发展潜力和未来能走多远。因此，你需要不断提升自己的知识储备、拓宽视野，并持续学习新知识和技能。只有当你站在更高的认知层次上时，你的公司才有可能突破发展的天花板，拥有更广阔的成长空间。

第二，尝试轻资产创业模式。结合自身优势、能力或资源，选择投入小的项目进行尝试。轻资产创业模式注重灵活性和低成本，让你能够以最小的风险开始创业之旅。在这种模式下，你可以充分发挥个人的能力和创造力，亲自处理各项事务，而无须雇用他人或租用昂贵的办公室。通过利用互联网和社交媒体等渠道，你还可以更高效地寻找潜在客户，降低市场推广的费用。此外，采用不囤货的方式，可以避免库存积压和资金占用的问题。你的主要投入将是你的时间和精力，而这也是创业初期最宝贵的资源。

在创业初期，不妨先试着将你的想法转化为实际的产品或服务，看看有没有人愿意花钱购买它们，这是一个验证你业务可行性的重要步骤。当业务从 0 到 1 被验证为可行时，你再逐步增加投入，扩大规模，推动业务向更高层次发展。

创业是一条充满挑战的道路，但只要你保持耐心和毅力，持续学习和进步，成功的机会便会向你敞开大门。

越是不确定性的事情，干成了财富价值才越大

大家可能都会有这样一个疑惑：为什么有人有钱，而有人没钱，而且人与人之间的财富差距会如此之大？其实，这背后的一个重要原因是，许多人在赚钱的过程中，过于渴望确定性。有的人甚至试图用"算命"等手段，来预测和掌握自己的命运。

然而，世界上总有那么一小群人，尽管他们也会恐惧不确定性，但是，他们依然有着超越常人的勇气和决心，能够克服这种"反人性"的状态。因

为他们清楚地知道，不管是金钱，还是事业，要想获得更大的回报，机会往往就隐藏在不确定性之中。因此，他们愿意冒险，愿意尝试，愿意走出舒适区，去迎接那些看似不确定的挑战。

所以，当听到许多人遗憾地说："我的一生，错过了很多次的风口红利，比如下海经商、贷款买房、互联网创业"的时候。我想的是，如果下一个风口红利再来，他们大概率还是不能抓住。因为，他们缺乏对于机遇的深刻认知和足够的勇气去抓住它。每个时代都有其独特的红利期，摆在每个人面前的机会也都是一样的，关键在于我们是否有足够的智慧和勇气，去识别和把握这些机遇。如果我们只是守株待兔，等待确定性的到来，那么，很可能就会一再错过时代的风口。

投资人的收益和一个人的收入，是由什么决定的？

我想问大家一个问题：你们认为，投资人的收益和一个人的收入，是由什么决定的？是智慧、能力，还是经验？这些因素无疑都很重要，然而，我认为更为核心的决定因素是个体所愿意承担的风险。

简单来说，风险与收益往往成正比。当投资人或个体选择承担更高的风险时，他们面临的可能是更高的失败概率，但一旦成功，所带来的收益也将是巨大的。这是因为，高风险往往伴随着高回报的潜在可能性。

以风险投资机构为例，他们在企业的早期阶段进行投资，如种子轮、天使轮。在这个阶段，企业往往还未成型，很多想法和计划都处在尝试和验证的过程中，因此风险极高。但正是这种高风险，为投资者带来了高回报的潜在机会。一旦企业成功发展，投资者将会获得丰厚的回报。

追求预期收益率最大化，是早期投资的重要标准之一。尽管投资早期企业的风险很大，但风险投资机构依然愿意承担这种风险，因为他们深知，只有敢于冒险，才能抓住那些具有巨大潜力的投资机会。

这让我想到投资界流传的一个段子：红杉资本的沈南鹏，在姚明5岁时，就独具慧眼，愿意投资他；而金沙江创投的朱啸虎，在姚明3岁时，就果断出手并精心培养他，最终成就了如今的篮球巨星姚明。这个段子虽然带有夸张和调侃的成分，但它深刻地揭示了一个道理——投资人的眼光和他愿意承担不确定带来的风险的高低，直接决定了投资人投资收益的多少。

同样的，一个人收入的高低，也与其所承担的风险密切相关。以我自己为例，在创业的十几年里，我投入了大量心血和资源。在公司最艰难的时候，我选择了承担更大的风险，如全年不拿薪酬、卖掉了具有升值潜力的房产，把变现的钱继续投入到公司中。

当然，我并非只讲奉献，不求回报的"圣人"。对我来说，追求财富与实现自我价值，是我创办企业的两大核心驱动力，二者在我心中具有同等的分量。而我之所以心甘情愿把钱、精力和资源，都投入到做公司这个不确定性极大的事情上，是因为我知道，一旦公司取得成功，最大的受益者将是我自己。这种潜在的巨大回报，正是我甘于承担风险的动力所在。

同时，我也清楚地认识到，如果公司经营不善，最惨重的损失，也将由我这个大股东来承担。这种风险与收益的对称性，让我更加谨慎地经营公司，努力确保每一步决策都是经过深思熟虑的。

有安全感的人，对不确定性有更高的容忍度

内心充满安全感的人，往往能以更开放和从容的姿态，面对生活中的不确定性。他们深知，生活的多姿多彩正是由这些未知和变化构成的。对于内心缺乏安全感的人来说，不确定性像一座难以逾越的大山，让他们感到恐惧和不安，从而限制了他们的步伐和视野。

内心有安全感的人，通常拥有一套强大的信念体系，这些信念如同指南针，引领他们穿越生活的迷雾。他们积极乐观，勇于接受挑战，对未知的世界充满好奇和探险精神。正是这些特质，使他们在面对困难时，能够坚韧不拔，勇往直前。

让我们来看两个例子：

第一个例子，王兴对不确定性的容忍是与生俱来的

了解美团创始人王兴的人都说："王兴对不确定性的容忍，似乎与生俱来。"从一开始创业，王兴就无所畏惧，不断尝试新的东西，毫不害怕失败。他常常引用的一句话是"Only the dead have seen the end of war"，意为"只有死者才能看到战争的结局"。而这种看不到结局的游戏，对于普通人来说，可能没法忍受，王兴却乐此不疲。

通过深入了解王兴的成长经历，我们会发现，他来自一个经济条件优渥的家庭，从不用为钱发愁。这种优越的家境，不仅为王兴提供了坚实的物质基础，更为他注入了难以言喻的底气和安全感。这种内心的安全感，使得王兴在面对创业的不确定时，能够保持从容与坚定，以更高的容忍度去迎接挑战。

由此可见，安全感对于孩子的成长至关重要，它是保护孩子独行于世界的盔甲。作为父母，我们的责任，不仅仅是给孩子提供物质上的满足，更重要的是为孩子营造一个充满爱与支持的环境，给予他们内心的安全感。

第二个例子，小有爸爸是我和小有创业最大的底气

我25岁开始创业，一直以来，给人的印象都是敢打敢拼、不屈不挠。在北京创业的这十几年里，我见证了公司高速发展的高光时刻，也承受了经营困难的漫长至暗时期。但无论何时，我都怀揣着梦想，坚定地向前迈进。

常有人对我说："你一个女性，在商海中摸爬滚打这么多年，真的不容易啊！"而我总是微笑着回应："其实还好，我也没觉得那么不容易。我享受这样的挑战和经历，它们让我的人生更加丰富和有意义。"

我是个极度乐观的人，且很有韧劲儿。然而，让我真正无所畏惧、勇往直前的，还是小有爸爸给予我的那份坚实的底气。他的存在，让我心中充满了"安稳感"。

因此，我对创业持有豁达的态度。创业是我喜欢做的事情，成功固然令人欣喜，但失败也并不可怕。因为我知道，我有一个值得信赖、深爱我的老公，他始终是我坚实的后盾。即使遭遇挫折，我依然可以依靠他，过上衣食无忧的生活，更可以有东山再起的机会。

毕竟，创业是个"九死一生"的事情，时刻考验着创业者的能力和心力。在创业这条道路上，我们需要坚定的信念和毅力，更需要贵人的帮助和家人的理解与支持。

作为父母，我们给予儿子的最大底气，就是对他无条件的信任。在他创业前行的每一步，我们都倾尽全力，提供必要的资金支持和精神鼓舞，使他能够勇敢地追逐梦想，并坚信自己终会成功。

这样的支持并非孤例，众多杰出人物背后的母亲，也在关键时刻，给予了他们不可或缺的支持。例如，微软创始人比尔·盖茨，他的母亲在他决定从哈佛退学、投身创业之时，毫不犹豫地拿出自己的积蓄，来资助他的创业梦想。

同样的，被誉为"钢铁侠"的埃隆·马斯克，在决定辍学创业时，他的母亲梅耶没有责怪他，而是理解和尊重了儿子的想法，在经济上、精神上都给予了儿子全力的支持。

由此可见，我们勇敢前行的动力和底气，源自父母的深沉关爱与坚定支撑，来源于爱人的默契相伴与理解支持，也来源于物质上的充裕富足。这些珍贵的力量，汇聚成我们内心最强大的动力源泉，让我们能够无惧挑战，坚定前行，勇敢追逐自己的梦想。

当然，也有人可能没有那么幸运，无法从外在的人和环境中获得那份安全感。即便如此，你依然可以坚信自己的力量，相信自己能够为自己的一生负责。当你一次次基于自我的真实需求、意愿和兴趣，做出人生选择时，你就会提升对不确定的掌控能力，逐步建立起自身的安全感。请记住，你的内在力量，才是你最坚实的依靠。

当一个人的内心被不安全感和焦虑持续侵蚀，他的生活中将充满无尽的痛苦。为了摆脱这种痛苦，他可能会寻求外界的帮助，如依附一个人或者一家公司，试图从中找到稳定的确定性。这样的人，即使他有了钱、大房子、安稳的生活、可依靠的伴侣，这些外在的保障也仅能暂时安抚他的内心，无法根治他内心的焦虑。

原因在于，这种不安全感已深深根植于他的内心，使他无法从内心找到自我认可和自我价值。真正的安全感，并非来源于外部的帮助和支撑，而是源于内心的力量和自信。它体现为勇于直面内心的恐惧，相信自己有能力抵御生活中的风浪。

因此，只有当我们从内心深处建立起这份坚定的自信和力量，我们才能在生活中找到持久的安全感。

后记

随着书页悄然翻过，我们共同走过了一段关于"给孩子'顶撞'的勇气"的心灵之旅。在这个日新月异、充满挑战与机遇的世界里，我们渴望孩子能拥有一份独特的力量——那是独立思考的勇气，是敢于挑战权威的魄力，是活出自我的决心，是不被常规束缚的自由精神。这份力量，我们称之为"勇气的力量"。

勇气，并非仅凭一腔热血的冒险，而是智慧与担当的完美结合。拥有勇气的孩子，必定是智慧的化身，他们能够洞察世事的纷繁复杂，用理性的思维去剖析、去抉择。同时，他们也是敢于担当的勇士，每一个决定、每一次行动，都源于深思熟虑后的坚定信念。

那么，这份勇气究竟从何而来呢？答案就隐藏在我们日常生活的细微之处。

想象一下，一个洒满阳光的小屋，那里充满了笑声和温暖。这就是家庭给予孩子的精神富足之地。在这里，他们沐浴在无条件的爱、赏识和信任之中。他们深知，即使风雨再大，总有家作为他们坚实的后盾，总有家人那温暖的怀抱和坚定的目光为他们守护。正是这份深沉的爱，给予了他们"顶撞"世俗、追求梦想的勇气。

在孩子成长的道路上，每一个微小的行为，都是他们探索世界的脚步。当他们做出正确的选择时，我们应及时给予肯定和赞赏。当他们遭遇挫折时，我们不该责备，而是从另一个视角去审视，发现其中的闪光点，让它们成为孩子独特的魅力。正是这样的引导，让孩子明白，他们的每一个行为都充满了价值，都值得被尊重与认可。

然而，仅有家庭的爱和行为的引导是远远不够的。我们还需要为孩子提供丰富的养分，让他们茁壮成长。这包括培养他们的自信心、独立思考能力、接纳不确定性的心态、商业思维、社交技巧与情绪管理能力等。这些能力如同孩子手中的武器，让他们在面对挑战时更加从容不迫，敢于迎难而上，更具有面向未来的竞争力。

而在这一切之上，是孩子坚定的信念与价值观。它们是孩子内心的力量源泉，让他们坚信"我命由我不由天"，敢于挑战权威、敢于创新，活出自己的精彩与独特。

在此，我想分享一个"勇气模型"。这个模型不仅贯穿本书的始终，更是对爱、成长和信任的完美诠释。我衷心希望每一个家庭都能拥有属于自己的"勇气模型"（如下图所示），为孩子的未来点亮一盏明灯，照亮他们前行的道路。

愿每一个孩子都能拥有"顶撞"的勇气，在人生的道路上勇往直前，绽放出自己的光彩与辉煌。

最后，我想送给大家一句话：

"勇气，不是没有恐惧，而是在恐惧面前选择坚定地前行。"

2024 年 6 月